梦 山 书 系

“梦山”位于福州城西，与西湖书院、林则徐读书处“桂斋”连襟相依，梦山沉稳、西湖灵动、桂斋儒雅。梦山集山水之气韵，得人文之雅操。福建教育出版社正坐落于西湖之畔、梦山之下，集五十余年梓行之内蕴，以“立足教育、服务社会、开智启蒙、惠泽生命”为宗旨，将教育类读物出版作为肩上重任之一，教育类读物自具一格，理论读物品韵秀出，教师专业成长读物春风化雨。

“梦”是理想、是希望，所谓“梦想成真”；“山”是丰碑，是名山事业。“积土成山，风雨兴焉”，我们希望通过点点滴滴的辛勤积累，能矗起教育的高山；希望有志于教育的专家、学者能鼓荡起教育改革的风雨。

“梦山书系”力图集教育研究之菁华，成就教育的名山事业之梦。

爱的述说
AiDeShushuo

李先启——主编

海峡出版发行集团｜福建教育出版社

编委名单

爱的魅力与能量（代序一）

刘勰在《文心雕龙》中说："夫缀文者，情动而辞发。"意在说明，写文必须有情，不然，就不可能写出打动人的文辞。教育亦然。没有情感的教育，非但是缺位的，也是可怕的。而情感最重要的元素则是爱。可以说，没有爱，就没有教育。看来，李先启校长"教育就是播种爱"的理念，抓住了教育的关键。

一个人只有自身拥有才能向外散发，自己本身没有怎么能给别人呢？爱也是这样。"一粒耳根，永为道种。"教师要想播种爱，首先自己要有爱，不然，播种下的就不是爱的种子，甚至有可能是恨的种子。小学生心灵是纯净的，正是"绘事后素"的最佳时段，如果这个时候不在其心灵深处播种下爱的种子，以后再行播种，就比较难以"成活"，更难以长成参天大树。有老师对我说，已经教了22年书了。我问他，你用心教了多少年？他一脸茫然。我又问他："你用心爱了学生多少年？"对方无语。我进一步问："你在学生的心里播种了多少爱的种子？"他有点惶恐不安。其实，类似这位老师者并非个案。有的人总是说自己辛辛苦苦教了多少年书，可是，如果其间教育爱的链条断裂了，还有什么可以炫耀的资本？其实，真正爱学生与事业的教育，尽管也会十分忙碌，可是，他的心是不忙的，甚至是甜的，一定会像特蕾莎修女说的那样："工作是最大的休闲活动。"

这不能不让我谈起本书的主编李先启校长。他忙吗？太忙了！他累吗？太累了！可是，他苦吗？我认为不苦。因为他心存大爱，爱老师爱学生爱教育，所以他身忙心不忙。他将生命投注于工作之中，将爱浇灌到教师与学生身上，所以，他有的是特殊的愉悦感。深圳南山实验学校由小到大，由弱到强，特别是师生在精神层面展示出来的光芒，让在这个过程中用心最重的李先启校长越来越感到爱的能量和爱的魅力。他为自己提出"教育就是播种爱"这个口号而深感欣慰，更为在这个口号下行走与成长的师生而自豪。

爱的形式有时候是不一样的，母爱温暖如春，父爱则往往呈现无言的形态与如山的重量。从外在形态看，李先启一脸的冷峻，似乎与爱无缘。可是，如果剥开外在之"冷"的外衣，就会惊奇地发现，其内心竟然蕴藏着那么厚重的爱！他可以不要名誉，可以不要奖金，可以不要官位；但是，他一定要自己的学校，要学校里的师生。在他的心里，学校及其师生就是他的整个生命。正是这种无言甚至冷峻之爱里，才有了超越常人的力量，有了爱的博大与精深，有了鼓舞师生精神奋进的巨大能量。

李先启校长还是一位智者。在他看来，爱不只是一个理念与口号，不是空洞的，也不是无用的，而应当结出美丽的果实。为此，不仅要施爱，还要让接受爱者感受到爱，并生成新的爱。有的母亲非常爱自己的孩子，可是，有的孩子一点儿也不领情，甚至产生抵触情绪。究其原因，就是有爱而不会爱。李先启校长的高明之处，就是他一直在研究如何去爱，如何让对方感受到这种爱。这本"教育就是播种爱"讲述会实录，大多闪烁着爱与会爱的智慧之光。我在他们学校参加过一次这样的讲述会，讲者动情，听者动容，并情不自禁地产生"择其善者而从之"的心理趋向。讲述过程中，有主持人，有讲故事者，也有李先启校长。他大多是要言不烦地进行点评。他不做浮泛的夸夸其谈，可是，语之不出，出则一语中的，令人敬佩不已。为什么具备如此即兴点评的水平呢？因为他对这所学校、这些老师、这些家长太熟悉了，所以，"言必有中"。更重要的是，他太爱他们了，他是在爱中听的，也是在爱中评的。所以，也就有了爱的述说。同时，他有着很高的文学水平与理论素养，这与其几十年来的学习与研究息息相关，也与其特殊的智慧分不开。所以，他的点评就有了画龙点睛之妙，有了爱与智慧交融的美丽。

这种讲述会只是其"教育就是播种爱"的一种呈现方式，但从这一种形式中，已足以让我们感受到"教育就是播种爱"的魅力。

　　李先启校长所说的爱，非狭义之爱，有着博大的特质。比如爱人、爱大自然、爱学习、爱生命、爱梦想、爱真、爱善、爱美等，都属于这一爱的范畴，他都进行过精辟的阐述。爱当然要有爱人，孔子也说"仁者爱人"，而且，这里的爱人，也是一个多元的概念，具备以人为本且有容乃大的特点。大自然也要爱，因为它是人类的朋友，没有大自然，就没有人类的存在。学习不应当是学生心力交瘁的一场又一场的苦役，而应当成为生命个体探索未知走向幸福的文化之旅。当然也要爱生命了。生命有人之生命，也有动物与生物及其他方面的生命，从某种意义上来说，生命在整个宇宙范围内都是平等的，能不爱吗？梦想还爱吗？也爱。小时候往往有很多梦想，这正是孩子生命的一种向往，一种处于萌芽状态的理想，而且，有的时候还会激发学生更好地走向未来。真更应当爱了，陶行知先生说："千教万教，教人求真；千学万学，学做真人。"对于这个真，休说不能不爱，爱之不深都不行啊！善呢？也要爱。一个善良的教师，可以教出一批又一批善良的学生；一个不善良的教师，则有可能将其不善的心念传递给学生。学生有了善，就有了立身之本；无善，即使有了文化，也不会对社会做出贡献。美呢？同样重要。伟大的艺术家罗丹说："美是到处都有的。对于我们的眼睛，不是缺少美，而是缺少发现。"从小让学生有一双发现美与创造美的眼睛，他们心中就有了美。有了美，生命就有了别样的色彩。以上所谈，只是择其爱之一端，难以囊括李先启校长之爱的博大精深。如果真正走进李先启的大爱里，就会发现，那是一个辉煌的殿堂，有着无限的宝藏。这不仅因为爱是无限广阔的，也因为李先启校长的爱也是悠远与光明的。

　　这本书为我们触摸"教育就是播种爱"的真谛提供了文本载体，让我们感受到爱是那么美，那么富有意义。而且，这种富有创意的述说形式，也会让读者从不同的视野感受"横看成岭侧成峰"的爱之美丽。不过，要想真正领略李先启校长"教育就是播种爱"的奇妙，就应当很好地走进他的生命世界里，走进他一生挚爱的学校里，走进他心魄相系的师生甚至学生家长中。那样，就会发现，播种爱者已不是李先启校长一个人，教师与学生甚至家长都成了爱的播种者。可以说，爱的种子一直在播种，这些种子也一直在发芽、开花与结果。一个个爱的"神话"在诞生，人们也每天为这些"神话"所感动着。我相信，这些爱的种子也会在广大读者的心里扎根、开花与结果，并通过这些读者，再去其他地方播种教育的爱。

爱的种子多么神奇又重要啊！有播种，就有收获；有收获，就有幸福。

陶继新

2012 年 2 月 7 日于济南

"教育就是播种爱"也是一种管理艺术（代序二）

有一次，一位任外资企业"高管"的朋友带着一位国际培训公司的老总，来我们企业介绍他们的培训课程。其内容主要是针对企业的中高层进行思想素质和道德品质培训。这位老总花了不少时间，介绍他们在各个大型企业进行培训的出色实效，告诉我要建立一种好的企业文化，就要有耐心，要长期坚持以正面的、好的文化潜移默化地去影响企业骨干和员工们的思想，让他们成为有责任心、有担当、有团队协作精神、善解人意、有正面阳光的态度、有服务于别人和社会的精神等高素质的人才。他特别解释：这些培训材料都是美国的大企业常用的。看得出，其实他是担心我听不进去他的"思想政治工作培训法"。

我对他说，你的担心是有必要的，因为我们从改革开放初期在农村实施的"联产承包责任制"，到国营企业的承包、租赁，再到现代企业通行的"KPI关键指标绩效考评系统"，大都是在用调整分配关系的方式，来较为公平地实施物质奖励，从而实现劳动者工作积极性的提高。这些措施的有效性，特别是一些措施阶段性对生产力的爆发性的释放效果，使得管理者逐渐变得对物质刺激的方式越来越依赖，而在很大程度上忽略了人们在精神层面上的需求。我还对他说，我绝对相信他的培训效果，因为我看到过一个建立团队文化的成功范例。于是我向他讲起了南山实验学校李先启校长多年来坚持推行"教育就是播种爱"的理念，"爱的述说"的感染力以及在此理念之下的教职员工团队的良好精神风貌。我一边讲，大家一边议论，一边将这位培训专家从美国带回的教材和培训方法，与南山实验学校的爱的文化教育进行比较。大家发现，从管理的角度看，这两种文化及其建立的方法完全是殊途同归的。

后来，我邀请一些做企业管理工作的朋友参加了南山实验麒麟小学在保利剧院的那场"爱的述说"，之前那位企业的高管朋友专程从上海赶来参加。他们从中看到了这个学校、这个校长在教书育人上的追求，优秀的教师和学生队伍的风貌，充满情感的师生关系，以及学校和学生家庭的相互支持和信任的关系，也看到了"爱"的力量。

作为一个做企业管理工作的人，我很欣赏和羡慕南山实验学校的"爱"的文化，我认为它完全可以应用于企业文化的建立之中。它是一种很高明的管理艺术，它的最高明之处就在于，它所提倡的是人人在内心里都愿意接受的一种普世价值观，一种无论人类社会在物质上发展到什么程度，人们都一定会追求的能够给自己带来幸福感的精神层面的东西。

李晓白　深圳南山实验学校教育顾问，深圳市安博电子有限公司总经理
2012 年 2 月 15 日于加拿大温哥华

　　新时代的教育家——校长，应该追求并达到两个境界：一是带出一所好学校。从一定意义上说，"有一个好校长就有一所好学校"，这应该是全社会的共识，而不仅仅是教育界的共识。家长选择学校就是冲着校长，冲着教师，冲着学风，冲着教风去的，并不是冲着其他硬件条件去的。二是构建出好的学校文化，做到"一个好校长走了还是一所好学校"。

　　学校文化是在教育实践与各种环节要素的互动过程中，经过长期的历史发展积淀而成的，是以校内师生为主体创造、认同并遵循。学校文化有三个组成部分：一是价值观念体系，包括办学思想、理念、价值、态度、期望、故事、轶事等；二是行为规范体系，包括制度、程序、仪式、准则、纪律、气氛、教与学的行为方式等；三是物质风貌体系，包括学校布局、校园环境、校舍建设、设施设备、符号、标识物等。

　　学校文化是支撑学校可持续发展的原动力和支持力，核心价值观则是学校文化的内核和灵魂。

　　从20世纪90年代中期开始，为把学校建成一所"一个好校长走了还是一所好学校"的品质学校，我们着力从学校文化建设入手，努力营造一种具有文化品位、精神感召力和原创活力的学校文化。

　　"教育就是播种爱"是我在2000年后提出的教育理念，这也是我们办学的核心价值观。这个理念不仅仅是一个口号，还是实现我校培养总目标："做人—做中国人—做特区现代中国人—做具有移动能力的世界人"的一套完整理论体系和操作体系。教育是什么？现代汉语词典对"教育"的解释是："培养新生一代准备从事社会生活的整个过程，主要是指学校对儿童、少年、青年进行培养的过程。"说到教育，我们一般会想到学校、教师、学生、课本、传道、授业、解惑等关键词。而教育的本质究竟是什么？在众多的教学方法中，最好的教学方法是什么？经过多年的教育教学实践与思考，我概括为"教育就是播种爱"，从另一个角度去理解教育、诠释教育。这一理念分为两大部分，第一部分对学生。教会学生"爱人"、"爱大自然"、"爱学习"、"爱生命"、"爱梦想"、"爱真"、"爱善"、"爱美"。我理解的教育，应该是在孩子的心灵播下这 8 颗爱的种子，让爱的种子生根、发芽、开花、结果；第二部分是对老师，就是要"热爱每一个学生，会爱每一个学生，让每一个学生都感受到爱"，师生在爱的浸润中共同成长。

"爱人"：是做人的核心，就是爱父母，爱兄弟姐妹，爱同学，爱老师，爱邻居，爱伙伴，爱所有的人。

"爱大自然"：就是要爱家庭、爱学校、爱家乡、爱大自然，进而爱祖国。"爱大自然"还有一层含义，就是爱护、保护自然环境，与大自然和谐相处。

"爱学习"：就是要教师充分激发学生学习的兴趣和动力，满怀激情地摘取人类积累的文明成果。当然，教师渊博的学识，横溢的才华能够挖掘出学科知识中动人的美，也能激发学生，但这些都得根植于爱学生之上。教师要热爱每一个学生，会爱每一个学生，欣赏每一个学生，让每一个学生都感受到爱。爱是情感的和谐交融，学习是智能的发展，和谐的情感发展会激发高效的智能发展，这就是爱的教育本质，这就是生命的奇妙之处。我提出"热爱—会爱—让学生感受到爱"，是想通过老师主动释放出爱，让学生感受到爱，让学生喜欢教师而迁移到教师所教的科目，把情感的发展转化为学习的动能。

"爱生命"：就是要珍爱生命，珍惜人生，对人生充满信心，有快乐的心情。爱生命首先要爱自己的生命，同时，还必须具备基本的生存技能与救生技能。"爱生命"还包括动物植物在内的生命。要给孩子们树立一种现代的观念，人类和大自然和谐相处的一个最基本的观念，是珍爱生命、珍视生命。

"爱梦想"：我们认为，童年和少年的梦想决定了人的一生，没有梦想的童年和少年，决定了没有成功的成年。梦想犹如一颗种子，时刻都在等待时机，梦想是对美好未来的憧憬。有一个美好的梦想，就一定有美好的人生。因此，老师、家长要鼓励孩子的梦想，呵护孩子的梦想，帮助孩子实现梦想。即使孩子的梦想也许不太现实，可以引导，绝对不可以打击。

"爱真"：简单来讲就是诚实守信，追求真理。诚实守信，诚信是社会的基石。政府与老百姓之间、人与人之间只有诚信才能正常地运作和交往，社会才会和谐。当今社会发生的问题，诸如三聚氰胺、毒牛奶、地沟油等可以毫不夸张地讲，都是不诚信造成的。诚信是做人的根本，诚信的人才能交诚信的友。可以毫不夸张地讲，所有成功的人和做大事的人都是诚信的人。追求真理，具有实事求是的科学态度，是现今信息时代知识爆炸必备的学习态度。信息时代知识更新的速度更快，瞬息万变。在探索真理的过程中，学生往往会被一些非本质的现象所迷惑和缠绕，排除干扰解决困惑，在认识事物本质的过程中体会成功感与创新的喜悦，树立自信心。

"爱善"：爱"善"，就是要有一颗善良的心，感恩的心，同情的心，宽容的心，而不是有一颗怨恨、刻薄的心。

"爱美"：就是要培养学生欣赏美和创造美的能力，更重要的是增强学生对美的体验和品味，在学生幼小的心灵中播下美的种子，并引导学生对科学、数学的美的欣赏。

"教育就是播种爱"作为我们的核心价值观，是引领学校发展的核心动力。要实现价值的领导，引领学校发展。核心的价值观第一步要得到全体教职工的"认同"，第二步就是要乐于"遵循"，第三步就是要用心"践行"，第四步就是要养成习惯，变成我们教育教学的"行为"。回顾我们十多年的努力，这个核心的价值观已经深深地根植于每一个教师，每一个职工，每一个家长，以及每一个孩子的心中，并逐步形成全体教职工的自觉行为。

作为校长，把教职工、家长和学生共同创建的学校文化的核心价值观，完成了"认同—遵循—践行—行为"关键的每一个过程，而不是把美好的理念"漂浮在天空"。我们用一个字——"爱"，把参与教育教学过程中所有重要的角色，校长、管理干部、教师、家长，完美而亲密地连接起来，让爱的对象——学生，幸福健康地成长，已经得到社会广泛的认可。

现实告诉我们，在十多年的课程改革中，除了部分管理者、教师外，大多数老师对课改并不十分感兴趣，而那些逻辑严密的论文、理论高深的讲座、枯燥的交流培训等都已经很难吸引大家的注意力。可以说，经过十多年的课程改革，我们的教育并没有改变多少。如何让老师改变观念与行动？实践证明，"故事"是很好的方法。

几千年来，人类一直用故事、传奇、神话和寓言来记录精深的人类智慧。《论语》、《史记》、《圣经》其实就是一个个生动的故事串联起来的。可以说，故事是人类文化传承的重要载体。生动的故事能在听众的脑海中描绘一个丰富的形象，而一个善于讲故事的人则能将听众带到故事真实的情境中去。在轻松愉快的氛围中，故事就达到了潜移默化的效果。

为了让更多的老师、家长和学生理解认同"教育就是播种爱"的教育理念，我们通过"'爱的述说'专场故事会"，让老师、员工、家长、学生讲述有切身体验的，发生在自己身边的"爱的故事"。讲故事也是一门魅力非凡的沟通艺术，在故事的背后体现的是一种睿智和魅力，它比说教式、强加式的直接告知要强得多。以生动的方式讲述的故事能起到严密分析达不到的效果——听众被生动的真实故事所感动，在感动中理解、认同学校的办学理念，并能激发大家的热情，积极投入到践行理念的行动中去。一个个故事打破制度强行贯彻的僵局，取得极佳的沟通效果，不仅让听众领会了理念，更凝聚了人心、鼓舞了士气、激发了学校实施变革的行动力。

当前教师普遍存在"职业倦怠感"，究其原因主要是教师的职业归属感和认同感的缺失。美国人本心理学家马斯洛提出人的"五层次需求"中，"自我实现"是人类最高级的需求。如果每位老师都有能力、有机会"自我实现"，那教师就会有职业幸福感。在"爱的述说"讲述中，老师们讲述自己的故事，他们能强烈地感受到自己的存在，自己被认同、被尊重，并在讲述中不断完善自我，实现自我价值提升，讲述者的幸福感也油然而生。

下面是"爱的述说" 讲述会后部分老师的感言：

"辛苦时，忙碌时，有时也会思考自己是否选错了职业？我们这个职业的价值到底在哪里？听了'爱·启航'讲述会后，我的心得到了净化，想到孩子们因为我们而开始认知世界的方圆，感受自然的美丽，我由衷地感受到教师的神圣与幸福，坚信自己的选择没有错。"（教师钱亦武）

作为南山实验学校的一员，在听这场报告会的时候，心里装着的是对于工作选择的骄傲，眼里装的是身为人师的触动之泪。整个讲述会，家长们听到的更多的是老师的责任心与大爱。而作为同事，闭上眼睛，听着故事，我能看见的是一大群有着大爱的老师，他们以各种不同的方式去爱学生，并得到了学生和家长一次次对师德的感恩。南山实验，现在也许只是一个学校的名称，而在将来必定成为一个爱的代言，是一阵阵在空气中弥散的幸福感。（教师王悦）

看到每个人鼓起发自内心的掌声，看到每个人眼眶里湿润的泪珠；这是一场成功的述说，一场感人的述说。让那些不知道的家长知道了，让那些不信任的家长信任了，让他们向我们投来了赞许的目光！想想每个人是那么的辛苦，但是这些付出与艰辛，我们得到了回报，得到了收获，得到了理解，得到了赞赏！我们成功了，不是吗？幼师，一个不起眼的职业，一个不需要高学历的职业，一个不被人所理解的职业，一个不知道其中艰辛与付出多少的职业，一个被有些人理解为保姆的职业；我想在不久的将来会被更多的人所知晓，我们这个职业会被更多的人所接纳，所尊重。我坚信！（教师胡容）

认真倾听着同事们爱的故事，看着他们灿烂的笑脸，我深深地知道，这每一个故事的背后的付出远远没有他们说出来的那么轻松。老师的工作是那样的琐碎繁忙，将爱分给每一个孩子，浇灌每个花苞，他们付出的怎是用语言可以表达的……美国诗人惠特曼有一首诗中说道："有一个孩子每天向前走去，他看见最初的东西，他就变成那东西，那东西就成了他的一部分……"每一个孩子走向南山实验学校，他就是南山实验的一员，爱让师生如父子，如母子；爱让同学如兄弟，如姐妹；爱融入每一个南山实验人的血液，成为我们生命中永恒的一部分。（教师陶红霞）

在这次讲述过程中，百余人的会场时而静得连呼吸声都能听到，时而掌声如雷。与会者时而凝神倾听表情凝重，时而泪流满面真情拥抱……这是一次震撼灵魂的教育，是一场净化心灵的洗礼，它让我们真正悟透了湿漉漉、沉甸甸的一个字——爱。（教师姜新）

每一个故事都说出了我们的心声，我们每天的工作就是这样的琐碎与平凡，但依然快乐。我们的烦恼，我们的疲惫可以在孩子面前"销声匿迹"……（教师石小云）

听了"爱·成长"讲述会后，家长们大多觉得很感动、震撼，并油然而生对老师的敬意。但同为教师的我们，听了这一次的讲述，心里更多的是感同身受。这些故事离我是那么近，甚至有一些我也曾经历过，所以更能深深体会做老师的辛苦。我们每天面对这些可爱、顽皮，甚至有些特殊的孩子，如果缺少发自内心的对孩子们的那份爱，缺少对教育事业的那份热忱，是无论如何都做不下去的。但是无论付出多少心血，经历多少辛酸与误解，只要能看到孩子们健康快乐地成长，我们都会笑着跟自己说："值了！"（教师朱丹）

我是去年又重新回到幼儿教师这个岗位，当初是发誓不想再干这一行。因为太累、太烦、太琐碎，也不太得到别人的尊重。在一些人眼里，幼儿园老师文凭不高、工资不高、素质也不高。在麒麟幼儿园的这一年，让我重新认识到这份工作的价值和自己的价值。我们的工作在别人看来无非就是带孩子做做游戏、唱几首儿歌、画画图画。事实上，在游戏和各项活动中他们得到的是与人合作、分享、观察、解决、欣赏等各项综合能力的培养。我们就是一个很好的引导者。让每一个孩子在这里安全、健康、快乐踏入求学的第一步，养成良好的习惯和开朗的个性。在李校长爱的教育理念下，在南山实验学校这个充满爱的大集体里，认真地工作，有担当、不计较，传播爱，在孩子幼小的心里播下爱的种子。感谢我的伙伴们带来的精彩讲述，让我对自己的工作有了全新的理解和认识。（教师张慧敏）

当前社会上对警察、医生、教师三大职业颇有微辞。这主要是大家对这些职业的不理解。如何树立教师的正面形象，让社会尊重教师，尊重教育？向社会、向家长讲述我们爱的故事，让家长们在爱的故事浸润中感动，在感动中软化自己的心灵。

从 2009 年开始，我们在教职工中大讲爱的故事，让每一个人都讲出自己爱学生、爱事业的动人故事，并挑出其中五十多个故事相继 11 次在全校教师、全体家长中举办大型讲述会，其中有两场在保利剧院举行，两场在深圳蛇口风华大剧院举行。每场均有千名以上观众观看。讲述会从家长辐射到社区，从学校辐射到社会，一些企事业领导和员工也慕名前来，以净化心灵，感受爱的力量。

下面是"爱的述说" 讲述会后部分家长的感言：

家长：作为一位西北汉子，我被老师们真诚的爱深深地感动了，不禁泪流满面。南山实验学校那年轻、激情、有活力的教师团队，他们充满爱心，懂得如何去爱。他们用行动践行着"教育就是播种爱"的理念。我为孩子能在这样的校园中学习生活而感到骄傲和自豪。谢谢你们！

家长：看到那一张张图片，看到那一群群活泼而阳光的身影，我欣慰了。孩子是幸运的。听到那一个个故事，听到那一桩桩鲜活感人的事件，我哽咽了。孩子被爱包容着。一群年轻的 80 后教师，给孩子们撑起了一片别样的天空。这是一所充满爱、充满关怀的学校。

家长：孩子成长的路是用爱铺筑的，每一个孩子都是那么特别。每一个爱的故事背后，因为老师们的爱，而显得如此感动。特别高兴的是咱们有这么多优秀的年轻老师让我们的孩子成长的路途自然而快乐，如朋友般平等和尊重。

家长：学校是用自己的方式讲叙着一个又一个令人感动的爱的故事，让我们感受到了学校爱的理念，感受到了学校老师们对每一位学生的浓浓关爱，也更让我们家长感受到孩子从小学会做人，学会关爱，学会包容的重要性，这将是他们今后人生巨大的财富。

家长：我非常享受这场爱的教育。我的孩子能在这样爱的环境中成长，是一种幸福！相信在他成长的道路上，在享受爱的同时也会大方地付出爱。

昨天的讲述会，也是向家长展示我们的工作。也许平时还有些家长不理解我们，但是结束后我收到了家长们的留言条：很感动，老师真是太伟大了，感谢老师们的付出，老师您辛苦了，谢谢你们一直的付出，我要改变旧的教育观念，向幼儿园老师致敬……通过这次讲述会我们都成长了，也真正认识到自己事业的伟大与意义，当我再走出去，有人问我是做什么职业时，我会大声地说出"我是一名幼儿园老师"。（教师胡莲）

通过故事让家长和社会理解、尊重教师，认同学校的办学理念，并积极行动起来配合学校教育。

人类发展的每一个阶段都需要教育，每一个时代的学生是不同的；在同一个时代，同一个老师面临的学生也是不同的；即便是同一个老师，面对同一个学生，随着学生的成长也是变化的。因此教育需要我们老师不断地学习，不断创造性地工作。

感谢所有的教职工，你们非常智慧，非常有创意的工作，丰满了"教育就是播种爱"的内涵和实践。

李先启
2012 年 2 月 6 日于深圳

目 录 /

教育就是播种爱
——李光启教育思想研讨会"爱的述说"

时间：2009年12月4日上午（一个小时）

地点：深圳市南山实验学校中学部多功能厅

参加人员：来自全国二十多个省市的教师、校长、专家以及教育部领导（四百余人）

主持人：李晓白（学生家长，学校高级顾问）

　　主持人： 首先，我做个简短的自我介绍，我叫李晓白，是南山实验学校一名学生的家长。我的女儿叫李安平，她能在南山实验学校学习是很幸运的，她受了南山实验学校的两大名牌教育：一个是"八岁能读会写"实验，一个是中学部"中加"合作的"国际班"。她现在去加拿大读高中一年级，刚刚离开这个学校。在这里，我要和大家分享一下我们家里的喜悦。可以说，我女儿现在是一个中英文都很精通的学生。从这个意义上讲，她应该算一个具有移动能力的世界人！

　　她在加拿大见到她所有的朋友都会自豪地说：南山实验学校肯定是世界上最好的学校。人家问她：你凭什么这样讲？你还跑到加拿大来念书？她说：南山实验学校是一个亲切而温暖的地方。她喜欢这里的同学，喜欢这里的老师，也喜欢这里的校长。她跟我说：我们李校长是一个特别慈祥、和蔼可亲的"好老头"。

　　在她自己房间里挂满了南山实验学校的照片，这让我很激动！我

1

女儿说： 她特别不能忘记的， 就是这所学校培养了她。"南山实验学校教育顾问" 这个职务是我向李校长主动申请的，我很感谢李校长给了我这样一个机会。

李先启校长提出：教育就是播种爱，要在每个孩子的心里播下 8 颗爱的种子。 第一颗种子就是"爱人"， 要爱每一个孩子。 我现在想给老师提一个比较有挑战性的问题。 现在社会上都讲， 学校的老师都喜欢聪明伶俐、 学习优异的孩子。 但是往往对学习差一些、 调皮的甚至是有这样或者那样所谓的"问题学生" 就不给予关注。 我不知道南山实验学校的老师们怎么做到爱每一个孩子的?

（一） 热爱每一个孩子

陈攀峰老师： 爱从"心" 开始

大家好！我想和大家分享一个父母离异孩子的故事。他是我三年前的一个学生，他叫梁振东，是一个站着都可以睡觉的孩子。从来都不做作业，书包都不带回家。每天到了学校，除了睡觉就是打闹。刚开学的时候，我做了很多次思想工作，也很严厉地批评过他。但这孩子"油盐不进"，对我特别反感。我没招了，就打电话给他妈妈。没想到他妈妈出乎意料地说："孩子要是好的话，要你教育干什么?"我一下子懵了，没回过神来。他妈妈接着说："反正我们家东东是没救了，谁当他班主任谁倒霉。我倒霉一辈子，你就倒霉几年吧!""啪"的一下把电话挂了，我没有想到会有这样的母亲，没想到自己第一次当班主任，竟然碰到这样的孩子。当时，我那不争气的眼泪就掉了下来。

后来，我几乎天天和东东"斗智斗勇"，但有一件事彻底改变了我对孩子的看法。那天他又和同学打架了，我把他俩叫到办公室，那个同学很快承认了自己的错误，但东东却是一副"宁死不屈"的样子。这样更激怒了我，我狠狠地批评了他一顿，但他还是面无表情地望着别处。这时天黑了下来，外面下着很大的雨，我也急着回家。我便对东东说："打电话给你妈妈，让你妈妈来接你。"没想到孩子唯独对这句话起了反应，他说："老师，我自己回家。"我便觉得好奇，关心地问道："为什么不让妈妈来接你啊？天太黑了，还下这么大的雨，你一个人回家，老师不放心。"东东说："她不会来接我的，她心情不好。"这时，下着很大的雨，我俩都没办法回家。我便和孩子聊起了家常，得知东东是个单亲家庭的孩子，妈妈上班又远又辛苦，工资却很少。再加上东东爸爸最近娶了新妈妈，所以东东妈妈的心情非常糟糕，常拿东东当出气筒。东东也过着在爸爸家住几天，奶奶家住几天，姨妈家住几天，居无定所的日子。当听到孩子说这些时，我有一种说不出的心酸，虽然孩子非常懂事不让我送他回家，但我还是坚持送孩子回到了姨妈家。

我俩走在路上，我一句话都没说，只是紧紧地靠着孩子，想用手上这把小小的雨伞，替孩子暂时遮风挡雨。搂着孩子那瘦弱的身体，我没有想到父母的离异会对孩子造成如此大的伤害。虽然我还没有做母亲，但我真的有一种很想很想保护孩子的冲动。回到家，我想了很多，其实任何一个做母亲的，都不想放弃自己的孩子。她可能承受了太多常人难以想象的痛苦，才会找人发泄。东东的成长是离不开她的。后来我心平气和地找东东妈妈谈，虽然她对我的态度不是特别友好，但我觉得缓和了许多。元旦的时候，东东妈妈还主动给我发了一条祝福的短信。从那以后，我对东东的关怀更多了，更多的是怜惜。我觉得快乐对孩子才是最重要的。而东东也像变了个人似的，对我没有了敌意。虽然他上课还是会睡觉，但少了很多，基本上没有打闹了。

在我们初三的最后一次班会课上，东东很动容地说："谢谢老师和同学们，这三年给大家添了太多麻烦了，我在这个集体里生活得很快乐。我会永远记住大家的。也希望大家记得我们班曾经有个爱睡觉的东东。"顿时，教室里响起了久久不息的掌声。是啊！李校长经常教导我们，"教育就是播种爱"，严厉是一种爱，但宽容同样也是一种爱。我想，去宽容孩子的不足之处，放大他的闪光点，相信孩子会做得更好。虽然东东没有考上公办高中，他也可能上不了大学，但我相信他一定会成为一名合格的社会公民。我也在心底默默地替孩子祝福，希望孩子能够永远幸福快乐。谢谢大家！

主持人： 陈老师讲到的这个孩子真是挺可怜的。 我们知道越是现代化的社会，越是现代化的城市，家庭问题就越多。所以我想说，陈老师对孩子的爱，很有普遍意义，谢谢你。

今天现场来了一位学生代表，坐在外教旁边的这位，我们请她来发言。

国际班学生代表：我们和外教的故事

我是来自我校国际班的一名学生，今天，我要和你们讲述我和外教之间的故事。

我们先后有两名外教。第一个是慈祥的老太太 Mrs. P。记得初一时候的运动会，我的一位同学在跳远的时候脚扭伤了，她找不到可以帮助她的老师，医务室也没有人，她那时疼的几乎掉下了眼泪，这时 Mrs. P来了，她把我的同学带回了自己的公寓，帮她处理伤处，对她说了许多鼓励的话，我看见那位同学的脸上渐渐轻松起来。

一年下来，我们就是在 Mrs. P 这样的关怀下，逐渐离不开她。记得在那次送别会上，我得知那是最后一次与她见面的机会，便告诉自己，一定要好好表现，一定要轻松洒脱，不要让她感觉太沉重。但上台后，我听见她对我们说，她很爱我们每一个人，她很荣幸自己曾经教过我们。当她说到这时，我看见我们班所有的男生都从自己的座位上站起来，他们向 Mrs. P 致敬，当我看到这一幕时，我的眼泪不自觉地流下来了，我才发现我们和外教之间的情谊竟如此深厚，甚至无法割舍。

初二，我们迎来了一个新的外教 Ms. Chen，也就是现在坐在我旁边的这位外教（点头示意）。一开始，可能因为无法从 Mrs. P 的离开中走出来的缘故，我们并未很快地接受 Ms. Chen。常常上课的时候，她问问题，台下鸦雀无声，同学也常常会因为她的一点小过失而抱怨。但她总是用宽容、理解的心来对待我们。记得有一次，我在讲台上看到老师的备课本，发现她的备课本上记录得很详细。我那时候才发现，她一直在努力着，一直在竭尽全力走近我们。逐渐地，她的一举一动感动了班上的每一位同学，大家开始接纳她，喜欢她。如今，她就像我们的大姐姐一样，和我们一起谈话、笑闹。

主持人：刚才大家听到的故事都非常感人。要讲感人的故事，我想家长可能要比老师感受得更为深刻。我女儿在上小学的时候，有一次我们忘记接她，后来我们到学校已经是晚上 6 点半了，我以为她站在校门口等我们，结果发现她在班主任的办公室。这个老师把孩子交给我们之后，还要赶到广州去见自己的家人，第二天早上还要赶回来上课。所以像这样的事情，作为家长我们会记一辈子。南山实验学校老师的爱，不仅传递给孩子，其实也传递给了我们家长。

家长代表： *南山实验，我们温暖的家*

作为一名家长，我切身地感受到南山实验学校的老师对学生的爱。我的孩子是一个十分淘气、十分野性的男孩子，他入学的第一天，我就和他的班主任李老师说：我的孩子你可能以后要多费心了！

过了几天，老师告诉我：你的孩子上课时从后门跑出去玩了。又过了几天，老师说你的孩子上课时躺在凳子上睡觉，还钻到桌子下面玩东西。我就经常打电话，还当面和老师沟通，只要李老师不开会，那段时间她每天放学后的时间几乎都被我占用了。过了两个多月，我的孩子没有什么改进，有人劝我说：你带孩子去医院看看吧，可能是多动症。当时我真的有些绝望。于是我跟李老师说：要不要带孩子去医院看。李老师说：先不急，我觉得应该不是，他看书的时候很安静，遇到自己喜欢做的事情时也很安静。李老师的这句话给了我很大的信心，从这以后，我们从很多方面去努力。李老师想尽各种办法鼓励孩子坐下来，别的孩子能坐 20 分钟的时候，我的孩子能坐到 10 分钟，老师就会表扬他。

现在我的孩子已经五年级了，他很快乐，和同学相处得很好。记得他刚上五年级的时候跟我说：妈妈，我想留级。我很吃惊，因为他的学习成绩很好。我就问他：为什么？他说：如果我升级了，我就得离开现在的学校和老师。我跟老师提到这件事，老师说：他离开了学校，仍然可以回到学校来玩。

在这里，我感谢南山实验学校的老师，谢谢你们。如果我的孩子不是在南山实验学校，就不会有这样快乐的学习生活环境。我再一次感谢南山实验学校让我的孩子在这里快乐成长。

主持人： 故事非常感人，下面我们请李校长给我们点评吧！

李先启校长： 其实每一个老师都想教聪明活泼的孩子。孟子说：得天下英才而教之是一大乐事。但我们小学是划片招生，这个片区里面那一定有这样或那样问题的孩子，也可能有智障、残障的孩子。我们鼎太分部是一个新的楼盘，这个社区"问题孩子"比较多。我们认为，爱正常的孩子很容易，但是，要让那些有一点小小问题的孩子也能感受到发自于我们内心真诚的爱，对他们多加关注，我觉得这更加重要。我谢谢各位老师！

主持人： 我们换一个话题，爱的8颗种子当中的最后3颗，我记得是"爱真"、"爱善"、"爱美"。我想谈谈我的理解：我觉得这是一种美学教育，或者是德育教育的范畴。不知道各位老师有没有关于这样"美的教育"的故事？

（二）"会爱"每一个孩子

张婧老师：愉快的数学课——黄金分割

我在这儿想跟大家分享特别轻松愉快的数学课——黄金分割。了解数学的人都知道，"黄金分割"0.618这个数字，不仅仅隐藏在生活的方方面面，也"潜伏"在世界的各个角落。所以，我采用了环球旅游的形式，来串联这个教学环节。

首先，我带着孩子们来到法国，参观埃菲尔铁塔、巴黎圣母院。用这些体现"黄金分割法则"的名胜来导入新课，介绍黄金分割的概念。接着，我带领孩子们来到希腊的帕特农神庙了解"黄金矩形"，到盛产世界小姐的委内瑞拉，了解人体美学中的黄金分割。在练习部分，我给孩子们创设了这样一个情景：假设我们深圳将要举行首届国际电影节，根据提供的月平均气温图，选择一个合适的月份。在之前的游历活动中孩子们都知道，只有当气温是人体温的0.618倍时，人体的舒适度是最高的。电影节上自然少不了明星，如何让我们中国的明星更加靓丽呢？人体美学的标准是这样的，肚脐到脚底的距离与身高之比等于0.618，而我们东方人由于腿不够长，往往达不到这个标准。所以我要让孩子们给喜欢的明星穿上魔力高跟鞋。

还记得我是这样给孩子们说的：女生，你们是要给自己选高跟鞋的。而男生，你们将来是要给你们的女朋友选高跟鞋的。所以，今天先要把数学这一关给过了。记得课后很多孩子都对我说：张老师，我们希望以后每天都能够这样上数学课。我想在今后的教学中，我会更加注重挖掘数学中的美，让孩子们在美的熏陶中爱上数学。谢谢大家！

主持人：我觉得这个故事听起来特别有趣，特别新颖。李校长，看来我们得回去量一量，看看要不要换鞋（笑声，掌声）。黄金分割法我还有点记忆，在我们年轻的时代，好像华罗庚先生拿这个办法来炸油条，我记得还在全国推广过。李校长，我想问您一个问题，听说您是数学系毕业的？

李先启校长：对。

主持人：数学系的，还是高才生。这位老师把美学教育运用于数学教学，这个方法，我想请您说说您的看法。

李先启校长：刚才你谈的真、善、美，它既是品德的，我觉得美也是一种方法。我是学数学的，为什么后来报考数学系呢？因为我小的时候，想当科学家。要想当科学家就必须把物理化学全都学好才行。我想当科学家的最大动力源自于我对这个学科着迷，对这些科学家们发现定理定律中间的过程着迷。我觉得科学是美的，数学也是美的。因此，挖掘这些学科的美是非常重要的。我们现行的教材为了突出精华，实际上只是把一些枯燥的定理、定律放在教材里，让孩子没能领略科学家们发现它们的那种乐趣。我觉得张老师做了很好的尝试。我们说"爱"是最好的办法，还有第二个好的办法，就是学科的美。激发学生的兴趣，然后让他喜欢这个学科，让他更有动力。谢谢这位老师。

主持人：说得好！下面我再向老师们提一个有点挑战性的问题。我们学校培养学生的时候，都希望他各门功课都优异，这样可以考上一所好的大学。但在现实中，我们经常可以看到一些孩子，他学习成绩不怎么好，但是他可能有某一方面的专长。像这样的学生，我想问问南山实验学校的老师们，你遇到过没有，你又是怎么对待他们的？

刘蝉老师： 爱的延续

在讲故事之前我想跟各位来宾分享不久前收到的一条短信，内容是这样的：亲爱的妈咪，我还好，演得还不错，每天都要拍到一两点。等我回去了找你！这是我一个已经毕业 6 年的学生，她叫翁诗琪，是一个舞蹈非常棒，长得很漂亮的女孩。

2003 年 2 月，我刚来学校工作接手校舞蹈队，挑选新队员时，发现当时四年级的翁诗琪是个不错的苗子，因此在排练集体舞的同时，每天放学后把她单独留在舞蹈教室辅导独舞。一开始，她父母以为我跟社会上的培训一样收费，后来了解到我并无此意，而且常常在周末或者训练完很晚之后一起到外面吃盒饭、方便面，非常感动，于是就风雨无阻地为我和她女儿送晚餐。翁诗琪也确实很争气，学的几个独舞先后多次在国际、全国、省市拿金奖，每次比赛都成为赛场上媒体追逐的目标或者评委点评的焦点。

当她毕业后，尽管我已经不是她的专业老师了，但是只要她父母或者老师告诉我有关翁诗琪的学习、生活、专业上的情况，我总是会去关心她，帮助她。在她读初中二年级和三年级的寒暑假里，我带她去解放军艺术学院、北京艺术学校观摩、考察、考试，以开阔她的视野，提升她对未来的思考。她初中毕业时，由于文化成绩达不到，我把她作为艺术特长生推荐到华侨城高中就读，并且督促她在高中三年里加强主持、播音、朗诵等方面的学习培训，提高艺术综合素养，不断鼓励她树立新目标。现在，她的理想是考上北京电影学院，目前正在北京接受为期半年的考前表演专业培训。非常幸运的是，在培训期间，由于良好的艺术综合素质，她被一位导演看中，此时正在河北张家口拍摄电影，可不是跑龙套，而是演女主角。我这里有一些她的电影剧照，跟大家分享。在这里，我衷心祝愿翁诗琪同学能借此良机开启一扇精彩人生的大门，更希望未来中国影坛有一颗新星从我们学校冉冉升起。

主持人： 我们得感谢刘老师。我觉得因为你的努力，学校少了一个差生，我们国家多了一个"章子怡"。李校长，如果咱们学校里边还有"刘翔"，还有"李云迪"，你是不是都能够通过你这样的教学体系把他们都发掘出来？

李先启校长： 可以。其实，每一个人都有不同的才能倾向，现在的教育好像把数、理、化，还有语文、英语，这些学得好的才叫"正才"，好像其他方面比较突出的叫"偏才"、"怪才"。我很不赞同这样的说法，其实我们现实的教育制度，只是对数理逻辑、语言能力比较强的这种孩子是有利的，对体育、音乐、美术这些方面有天赋的孩子是不利的。我们意识到了这些，会从各个方面创造条件。比如，我们学校有一百多个学生社团，在体育、美术、音乐等方面，都给他们创造条件，让孩子得到发展，给他们开广阔的路。

主持人： 谢谢李校长！我们刚才讨论了各种各样具有个性特点的孩子。像南山实验学校这样一所名校，学生中一定不乏特别优秀的人才。李校长，我记得您给我介绍过一个女孩子叫刘诗仪，她在我们学校毕业，现在考上了美国加州理工大学。提起这所大名鼎鼎的学校，我们就会想起在这所大学诞生了 22 位诺贝尔奖获得者，它的老师当中有爱因斯坦，有美国原子弹之父——奥本海默；它的学生当中，有我国非常著名的科学家，导弹之父——钱学森先生，还有摩尔定律的创始人摩尔。能考入这么优秀的学校，是值得骄傲的事情。

刘诗仪是一个很健谈的女孩，她在讲自己的物理专业时，脸上始终充满着自信和对理想的追求。我听说，刘诗仪的老师也在我们现场，我想问老师这样一个问题：这样的一个学生，她是受家庭的影响，还是在我们南山实验学校受到了什么样的培养和影响，才会爱上科学呢？

崔玉忍老师： 加州理工女孩——刘诗仪

刘诗仪当年对物理浓厚的兴趣也引起了我的好奇，因为教了十几年的物理，从来没有哪个学生尤其是女生像她那样酷爱物理。我当时猜想，是不是她的父母是学物理的，从小受到家庭的熏陶和培养。但后来我了解到的情况根本不是这样，她的父母都是学文科的，也曾经希望女儿将来能学政法、金融等，应该说职业前景也很不错。没想到她人生的蓝图很快就被改写了。

上初中后，我教刘诗仪科学，可能她在我身上找到了欣赏科学的共鸣，她特别喜欢我。为了能有更多的话题与我交流，她就开始自学物理。通过不断"问问题"的方式与我交流，这样一天下来，少则十几个问题，多则几十个问题，白天在学校里问，晚上回到家在网上问或在电话里问，对物理的酷爱和痴迷可见一斑。

由于她对物理有了浓厚的兴趣，到初中毕业时，她已经把高中物理都自学完了，这也为她后来考上加州理工大学物理系奠定了一定的基础。如今，孩子的梦想实现了，我曾经跟她聊，女孩子学物理的道路并不轻松，但她毫不犹豫地告诉我，她对自己的选择无怨无悔。

到现在，刘诗仪的妈妈见到我，都会半开玩笑半埋怨地说：崔老师，是你改变了我女儿的人生轨迹。

主持人：我也是学半导体物理的，说句老实话，一个女孩子选择这个道路，其实是很艰难的。不过我确实对这个孩子充满了信心，我认为将来这个世界给她的应该是鲜花和掌声。

李先启校长：刘诗仪是典型的"喜欢老师就喜欢她所教的科目"的例子。崔玉忍老师是一个很有魅力的老师，刘诗仪喜欢她是非常正常的。她小时候就树立了自己的梦想，她为了实现这个梦想，在不断地努力，我很佩服她。童年的梦想和她有自己喜欢的老师改变了她的人生道路。

主持人：我记得爱的8颗种子当中，还有一颗是"爱生命"。刚才有位老师要跟我讲一个"蚕宝宝"的故事，现在有请这位老师。

王剑宜老师：关于爱生命的小故事
朋友们，我只想说一只小小的蚕茧，它在我的班上掀起了一场风波。

记得二年级实验学本中有篇课文，题为《蚕宝宝的一生》。蚕宝宝是如何从幼虫变成美丽迷人的飞蛾的，孩子们为此着迷了。我一看教育的契机来了，于是在科学老师的帮助下，春天刚到，一盒盒蚕宝宝就在我们每个孩子家里安家落户了。自从蚕宝宝到来，孩子们沸腾了，他们如获至宝，也开始了全家总动员：孩子们和爸爸妈妈一起四处奔波去寻找桑叶，每天清理蚕房，为每个阶段的蚕拍照、画像，忙得不亦乐乎。用班上一位爸爸的话说："这是一盒具有使命的蚕，拉近了我们家的亲子关系啊！"

　　终于等到蚕结茧的那一天，我让孩子们把蚕盒带到学校里来，经过一番交流、讨论，突然有个孩子提出一个问题。他说："老师，前段时间的蚕又白又胖，可漂亮了，现在变成蚕茧了，好像小了好多啊，我很奇怪在这么密不透风的小房子里，它是怎么生活的？我特别想看看现在的蚕宝宝什么样？"

　　看到孩子自己发现问题，提出问题，我心里这个高兴啊，于是我不假思索地说："好啊！我们用热水把蚕茧泡松，抽掉丝，一起来研究怎么样？"

　　"好——"学生回答的声音很微弱。

　　我以为是孩子小气，还动员说："别小气，谁愿意贡献出一只？"我话音落了，全班却鸦雀无声，只见，一只只小手迅速捂在蚕盒上，有的孩子一点点地把蚕盒往桌角拽，想赶快把它隐藏到书桌里去。看到孩子们这一举动，我心头一颤。此时，班上最敢说话的吴天越站起来说话了："不要，老师，他们一定睡得很香，泡在热水中，扒掉外衣，他们会死的，这可是个生命啊！"当时，全班小朋友的目光刷地一下都集中到了我的脸上，"好，好。"我连连点头，"孩子们，那就让我们想象它的样子，然后把它画下来，好吗？"

　　如果看到那一幅幅画，您一定会被感动，因为每个蚕茧都在温暖的窝里笑眯眯的，睡得特别香甜，特别踏实，特别安静！

　　是我的孩子们教育了我，教孩子懂得如何热爱生命，还需要更多语言吗？

　　主持人：刚才这个故事让我内心感到很震撼。为什么呢？上个礼拜，我女儿从加拿大给我来了个电话，她说学校给她们布置了一个科学实验作业，科学实验的题目由学生自己选。科学实验有一个规定，如果实验对象是动物或者植物的话，不能以付出它的生命为代价，如果违反这一条，这个实验项目不能通过。我心里想：李校长的"爱生命"这个理念还应该跟国际接轨，您说是吗？

　　李先启校长：是这样的。美国有一位科学家大概这样说：动物、植物、人类应该共享这个地球。他们都有权利，因此热爱生命，包括动物、植物的生命，其实也是保护我们人类自己。王老师做得很好！谢谢。

主持人： 李校长说：要爱孩子，还要会爱孩子，看来当南山实验学校的老师不太容易。因为，我作为一个家长扪心自问，其实我们很多家长并不会爱孩子。我想请老师给我们谈一谈，你们是怎么爱孩子的。

（三） 让每一个孩子感受到爱

崔国秀老师： *眼神的风波*

我们都知道眼睛是心灵的窗户，传递的情感是最真实的。小学生很会从老师的眼神中读出你是不是真的爱她。

记得教一年级时的一个晚上，语文科代表丫丫的妈妈打来电话，说孩子放学回家后一直闷闷不乐，心事重重的。试探着问了几次，都不回答。看着往日的小喜鹊一下变成了霜打的茄子，夫妻俩很着急，再三追问之下，孩子竟哭起来，好像满腹的委屈，半天才抽噎着说："我学习不好了，崔老师不喜欢我了。"一句不着边际的话把她妈妈说懵了，不管怎么问，就是哭。无奈，就拨通了我的电话。

听完家长的叙述，我迅速搜索白天和丫丫之间发生的事，想了想，没有什么大事呀。就是听写生字，她没有和往常一样全对，错了三个字得了 B，可我也没责怪她呀，知道她是个自尊心强的孩子，在本子上还给她盖了个加油章。我正回忆着，电话里传来了母女俩的声音：

"你得 B，老师批评你了？"

"没有。"

"那为什么说老师不喜欢你了？"

"放学的时候，我跟老师说再见，她没理我。"

"老师在干什么？"

"跟其他小朋友说再见呗。"

"老师看见你跟她说再见了吗？"

"不知道，每天她都对我说再见的，可今天她瞅着别的小朋友说再见，没看我。"

听到这里，我恍然大悟，放学时在校门口和我说再见的孩子多，我对所有的孩子都说再见，我的眼神没有单独递给她。

可是我平时也是这样和同学们告别啊，一定是她今天得了B，她的内心在作怪……

知道孩子误解了我，便对着电话，拼命解释，恨不得满身长满嘴巴。终于电话里那头传来笑声了，我才松了口气。

放下电话，我开始反思……这事能怪孩子？我们成年人也会有根据自己的心情猜测对方的时候。比如，自己心情不好时，和别人打招呼，尤其是对自己特别在意的人，对方的反映如果很冷淡，你的情绪会怎样，肯定会受影响。

成年人尚且如此，何况孩子？

孩子心灵是脆弱的，对老师的态度很敏感。一句亲切的话语，一个鼓励的眼神，会激起他们的上进心。反之，也许会给孩子带来不可估量的伤害。李校长不是常说：要爱每一个孩子，会爱每一个孩子，让每一个孩子感受到爱。我会爱吗？

从那以后，在校门口和孩子告别时，我都会把关切的眼神送给每一个孩子，尤其是当天在校有过不愉快的孩子，用眼神告诉他：老师喜欢你，等着你明天能够开心、快乐地上学！

现在想想，老师的眼神还真是一门学问，不同的学生要用不同的眼光给予关注，就是同一个学生，我们也要及时送去不同的目光……

邢颐老师： 爱与被爱是生活中最大的幸福

于丹曾经讲过，每个孩子都是一个折翼的天使，他们从天堂坠落人间后便一直在寻找为他们缝补翅膀的人，而我们老师正是那一位为他们缝补翅膀，送他们重返幸福的人。

我们用什么来为孩子缝补翅膀呢？我认为这个世界上最锋利的针莫过于坚持，最为韧性持久的线莫过于爱。在坚持的引领下，在爱的串联中，每对翅膀渐渐变得丰满而有力，直到有一天展翅高飞，重返天堂。参加工作4年多了，我一直坚守着这个信条，用爱为他们构筑梦想，用爱为他们创造生活。

一年级接班时，班里有一个女孩比较特别，两岁时她的妈妈因车祸离开了她，在她幼小的心灵里，"妈妈"这个词是那么的模糊，那么的脆弱，甚至成为了一块不许他人涉足的禁地。她瘦弱、单薄，还有一些胆小，在孩子心目中，她就像滴入大海的一滴水，毫无特色又悄无声息。在老师眼里，她安静得近乎透明，每当与她四目相会时，她总是第一时间避开，怯生生地低下头。自从知道她的情况后，我就开始关注她。清晨，来到班级我第一个向她打招呼，问她昨晚都做了些什么。中午，午休后我帮她梳头，问她喜欢编辫子还是扎马尾。晚上，放学时我一定要给她一个大大的拥抱，并告诉她要吃胖些才好。日复一日，渐渐地我发现她愿意与我亲近了。清晨，她会主动跟我打招呼。中午，她会悄悄地将水果放到我桌上。晚上，她总是站在最后与我拥抱后才离开。她的这些改变让我窃喜，对于刚工作的我来说，这是莫大的鼓励。

如果说，她的这些改变让我欣喜，那她的一声"妈妈"则让我动容。那天课后，我跟往常一样被一群孩子围住玩脑筋急转弯，他们争先恐后地问我，都想把我难倒。这时，她也挤了进来，在我刚刚回答一个问题后，她急忙说："妈妈，我给您讲一个。"她的话音刚落，其他孩子都安静下来，她也猛地捂住嘴，瞪大眼睛看着我，我被这有生以来的第一声"妈妈"惊呆了，迟疑了片刻，我将她拥入怀中，笑着说："宝贝，快讲，我一定能猜得出。"随后，她就绘声绘色地讲了起来。虽然从那以后很多孩子都曾多次无意识地叫过我"妈妈"，但是都没有她那一声那么震撼，那么让我刻骨铭心。这对我来说是人生的第一声呼唤，对于她来说也是人生的第一次尝试，她那块不可涉足的禁区渐渐在消逝。

在之后的三年中，我们如母女一般相处，有些孩子也会吃醋地说，邢老师对她格外好，每当这时我就会笑着说，你们也对她格外好啊。下雨时送她回家，书包沉重时帮她提。在我们共同的爱的呵护下，她从怯懦、胆小的"爱哭妹"变成自信、坚强的"小大人"，从默默无闻的"丑小鸭"变成出类拔萃的"白天鹅"，从不善言辞的"闷葫芦"变成爱说爱笑的"小喇叭"，她的转变我看在眼中，喜在心里。

在她即将转学的那个学期，我们学习《妈妈的账单》，其中有一个环节是请孩子们给妈妈写一封感谢信，感谢她们这些年对子女无私的爱。当问题在投影仪上出现时，几个孩子看看我又看看她，我知道她们的意思，设计这个环节时我也想到了她，其实，我也想通过这个问题试探一下她的那块禁地是否真的消失了。就在我们都忐忑不安时，她低着头默默地写着，随后，她高高地举起了手，大声地读着她对妈妈的感谢：

"妈妈，虽然我已经记不清你的声音了，但是我还是感谢你，感谢你曾经给我讲过的故事，爸爸说那很动听。

妈妈，虽然我已经记不清你的样子了，但是我还是感谢你，感谢你曾经为我展现的笑脸，爸爸说那很灿烂。

妈妈，虽然我已经记不清你的味道了，但是我还是感谢你，感谢你曾经为我创造的幸福，爸爸说那很温馨。"

在她朗读完的那一刹那，我和其他孩子们早已泪水盈盈，而她却笑着看着我们，那一刻她的笑容是那么灿烂，那么释然。从那一刻起，我知道这个孩子终于从那份阴霾中走出来了，她心中的那块禁地也彻底消失了。她不是将妈妈从记忆中抹去，而是将她永远珍藏在心中，因幸福与快乐而被永远铭记。（很多代表流下了眼泪）

虽然这个孩子现在已经在另外一个城市生活，我们的师生关系也结束了，这份母女缘也随风而逝了，但是从对她的教育中我学到了许多，最重要的一点就是爱，爱是给予与包容，爱是理解与信任，爱是平等与尊重，爱是相知与相守。

坚持是针，爱是线，让我们带着对生命的尊重，对爱的敬畏，一针一线为孩子们缝补起飞向天堂的翅膀吧！也许，讲台和黑板分割的青春会缺少一种诗情，也许，生命有如粉笔般磨损而少了几分画意，但是当我们因为恪守"爱每一个学生，会爱每一个学生"的信条而辅助孩子一飞冲天时，我想我们的青春将被定格在升腾的刹那成为永恒，我们的生命将被延展在他们的血液中成为不朽的传奇。

西德尼·史密斯曾经说过，"爱与被爱是生活中最大的幸福"，让我们一起用爱相守这份幸福吧！（全场掌声）

主持人： 这个老师弄得我主持不下去了（拭泪）。今天，这个小小的空间里特别温暖。我想大家跟我感觉一样，这是一份爱的温暖。我们所有的人都好像沐浴在爱的海洋里。李校长，你这个团队应该起个名字叫"爱的团队"。

李先启校长： 感谢在座的各位来宾，感谢今天分享爱的故事的老师们。我们一定要相信：爱是一种能力，爱是一种伟大的力量。刚才两位老师已经诠释了她们怎么去爱学生。"热爱每一个孩子"是一个口号，更是一个古老的话题，但是"会爱每一个孩子"是一门艺术。能不能用你的眼睛去爱孩子？因为眼睛特别重要，你一定要发自内心地去爱孩子，你的眼光才能透出爱意。刚才邢颀老师用她的语言和行动，把自己对孩子的爱表达出来，让孩子真正地喜欢老师，喜欢她所教的科目，更重要的是让孩子从痛苦中解脱出来。作为校长，我非常幸福，我提出来的教育理念能够被大家认同、遵循并且坚守。我觉得非常幸福，谢谢大家！

主持人： 谢谢李校长，谢谢在座的老师和同学代表，我们也感谢在座的各位教育家们，谢谢你们。

那些，关于爱的故事

——南山实验学校南头部爱的故事讲述会

时间：2011年1月11日下午

地点：南山实验学校中学部多功能厅

参加人员：特邀嘉宾、全体教师、学生和家长代表

主持人：李建秋

（童声配乐朗诵《我爱……》）

我爱多姿多彩的大自然！春有柔风拂面，夏有绿树鸣蝉，秋有落叶蝶舞，冬有白雪傲梅……透过大自然的语言，我读懂了春的柔情、夏的热烈、秋的喜悦、冬的坚强！我听到了生生不息、周而复始的生命的欢唱！我爱大自然，爱这里的日月星辰，爱这里的一切生命！

我爱点亮希望、催人奋发的梦想。梦想让人类在太空漫步，在深海猎奇、在地底穿梭；梦想让有志者领略生活的乐趣、品尝收获的喜悦；梦想让失意者在困境中崛起，在贫贱时富有，在抗争时坚强！梦想是烈日下催人奋进的一泓清泉，是寒冬里沸腾热血的一团炉火……拥有梦想，就拥有了生命的激情；拥有梦想，就拥有了创造的灵泉！

我爱学习，学习是驱逐愚昧、丰富灵魂的法宝！在"教育就是播种爱"的理念指引下，我们沐浴在爱的温暖中学习。我爱在飞扬着红色音符的音乐室里放声歌唱、翩翩起舞；我爱在陈列着栩栩如生的标本的科学室里探究；我爱在珍藏着艺术品的美劳室里记录我的奇思妙想；我爱在课堂上思索交流、合作互动……我爱一切滋养我生命、充实我灵魂的学习!

我爱在宁静整洁的校园里漫步，欣赏镌刻在石头上的"真"、"善"、"美"，这些洋溢着温馨的汉字，让柔软的情感在我心中悄然弥漫，它无声地指引我去求真、爱善、寻美。于是，当小人鱼宁愿化为泡沫也不愿伤害王子时，我为小人鱼的善良而潸然落泪；当布鲁诺为了坚持真理宁愿被烧死也绝不屈服时，我对科学家的执著心生敬仰；当居里夫人放弃了申请镭的专利甘享清贫时，我对居里夫妇的无私肃然起敬……

我爱，我爱，我爱一切美好的事物，在爱的温暖下，在真、善、美的陶冶下，一颗颗爱的种子在我心中生根、发芽，也必将开出七彩的花、结出甘甜的果！

主持人： 尊敬的各位领导、老师，大家好！在这样一个冬日的午后，我们结束了又一学期繁忙的工作，即将迎来 2011 年的新年。辞旧迎新是一件让人兴奋的事情，也注定我们今天的欢聚应该是快乐的。接下来的时光，我们一起分享我们南山实验南头部爱的故事，我们相信，这也一定会是这个冬天最温暖的午后。

作为每一个南山实验人，我想，有一种理念，已经深深地植根在我们的心底。老师们不仅时常说起，更在工作中，生活中时时践行。我想，它现在不是作为一个理念存在，其实，已经变成了一种信念——"教育就是播种爱"。

教育就是播种爱，是怎么样的爱，会被我们深埋在心底，又是怎么样的爱，会被每一个孩子永远记在心间？但是，不管是怎么样的爱，只要播种在孩子的心头，就总会有枝繁叶茂、花开似锦的那一天。

（一）　期待与改变

主持人： 说孩子就是天使，但往往就有那么一些天使，会让我们烦恼，会让我们纠结，会让我们束手无策，也会让我们深深地明白——特别的爱给特别的你，爱才是教育的真谛。一起来分享下面的故事——欢迎张亮家长带来的故事《我们始终是爱你的！》。

家长： 我的儿子生性调皮、好动，不爱学习，尤其是低年级时，经常和班上同学打架，多次引发家长投诉，对他无数次的批评教育，收效甚微。在相当长一段时间里，让我伤透了脑筋，感到失落和痛心。一次，班里家委会的家长找到了我，说："你儿子的行为，已经影响到其他同学在校的正常学习，家长能不能给孩子转学，换个环境，不能因为他一个人影响到整个班级。"面对这样的要求和质疑，我深深地理解，但作为母亲，这样的孩子，又该怎么办呢？即便转到其他学校，行为方式没能改变，会不会重蹈覆辙？带着忧虑和紧张的心情，我找到了班主任张老师。

张亮老师： 当时我看到的就是这样一双充满恳求、充满期望的眼睛，作为老师，我怎么能拒绝和辜负一位母亲希望孩子转变的心意呢！孩子毕竟是孩子，不能因为他有这样或那样的缺点而排斥他、拒绝他、疏远他。今天，我们让他离开这个集体，会给一个七八岁孩子的内心带来怎样的伤害？要面对这样一个学生，我觉得自己要付出更多的爱心去帮助他。

家长： 就这样，我儿子有幸继续留在这个优秀的集体。张老师从不放过任何一个机会，鼓励他，表扬他……有一天，儿子兴高采烈地回来说："妈妈，今天张老师表扬我有礼貌。"原来老师给打早餐时，儿子说了声谢谢，得到了老师的表扬。还有一天吃晚饭时，儿子说："今天张老师说我作文中有一句话写得特别好，并且在课堂上读了这句话。"后来我看了儿子的那篇作文，只有半页纸长，可是张老师抓住了那句话，让儿子对写作文信心倍增。张老师发现儿子喜欢科学就把他送到科学小组，还推荐他去北京参加化学比赛，让他取得了省市乃至国家级的奖项。慢慢的，我感受到孩子真的进步了。

张亮老师： 是的，只要有机会我就想抓住机会来开启他的心扉。我发现他的表达能力很强，就大胆地让他到国旗下演讲，当看到他站在高高的升旗台上，英俊的脸上洋溢着自豪的神情，胸前的红领巾迎风飘扬，在那一瞬间我体会到"不放弃"的震撼与感动。现在，在学校里他为同学们分发作业本，饮水机没有水了他主动去换水。前段时间他还捡到了一部几千元的手机，并且找到了失主。

家长： 其实，儿子也感受到了张老师的这种温暖和关爱。有一次，儿子要带两个苹果去学校，我说放学后吃一个就行了，回家再吃。儿子羞涩地说："妈妈，不是啊，我想送一个给我们张老师。"当时我听了，心里特别高兴。还有一年除夕夜，儿子借我手机给老师发短信，还神秘地说不给我看。后来在手机的发件箱里我看到这样的文字：老师，我不是您眼里最优秀的学生，但您是我最敬重的老师，祝老师新春快乐！看到这里，泪水模糊了双眼，儿子真的长大了，懂事了……

张亮老师： 我深深地觉得这6年来我对他的爱和期待就像一个小小的"储蓄罐"一样，他从这个"储蓄罐"里一点一点地取着这6年来我给他存下的爱。我给他讲的那些故事，我和他一起上过的课，我们促膝长谈的时光，我没有指望通过一两次表扬或谈心就能开启他的心扉，但我执著地相信，我的期待一定能化作点滴的甘露滋润到他的心田，一定会在我不经意的时间带给我惊喜。希腊神话中的皮革马利翁期待一个他爱的人，用了一生的时间，那么，期待一个学生的健康成长也让我们付出我们的爱心和时间吧，最后，我想怀着感恩的心情说一声："谢谢你我的学生，谢谢你能感受到我对你的爱！"

主持人： 就是这样，每一个孩子在成长的道路上，都会遇到这样那样的问题，老师就是孩子前行路上的点灯人，一路照亮孩子前行。接下来，我们来听听高鲁娜老师和她的学生权晓桐的故事。

权晓桐同学： 四年级的时候，我转到了南山实验学校南头部。原本性格有些内向的我，到了一个新的环境，我很恐慌，感觉自己无所适从，老觉得同学们都用异样的眼光看我，我不敢参加任何活动，觉得自己在班里是个多余的人。读五年级的时候，迎来了一位新班主任——高老师。开学第一天，老师得知我是新转来的同学，就走到我身边搂着我的肩膀笑着说：咱俩都是新来的，我们做朋友吧！听到老师亲切的话语，看到老师真诚的眼睛，我感到了一种温暖，让我愿意亲近她，听她的话。

高鲁娜老师： 那天，我按照惯例点名和学生认识，名字点完了，一个小女孩怯生生地站起来说没点她的名字。有人补充说，她是新转来的。我走过去，让她写出自己的名字。这时我看到她流露出忧郁的神情。我的心被促动了一下，母爱的天性让我想要走近她、了解她、研究她，从而帮助她走出心里的沼泽地。

权晓桐同学： 从此以后，高老师经常找我聊天，上课时让我朗读课文，让我回答问题，让我讲故事，谈阅读体会。起初，我很紧张，声音很小。高老师就鼓励我说：晓桐，我发现你声音很美，吐字很清晰，如果把声音放开就更好了。听到老师的话，我的声音渐渐大了起来。不久，高老师就推荐我参加学校广播站播音员的选拔，我居然被选上了。这件事让我信心大增，我心想：全校有一千多名同学，才有几个播音员啊！一种从未有过的自豪感油然而生。

高鲁娜老师： 晓桐是个有灵性的孩子，她一旦发现了自我，就勇于尝试，就会散发出无限的热情。后来白老师推荐晓桐参加学校重大活动的解说员和引导员，因为有了自信，晓桐也很愿意参加，是吧？

权晓桐同学： 是啊，我很愿意参加，可是这对我来说又是一个很大的挑战，我最怕和别人眼光对视，更别说是陌生人了。在培训的过程中我也经常出错，但我没有轻易放弃，因为我知道高老师您始终在关注着我。经过张丽老师和其他老师的指导，我顺利地完成了所有的迎宾和解说任务。

高鲁娜老师： 对于那些自信大胆的孩子来说，也许并不算什么，但我觉得对晓桐来说却有着不同的意义，在这个过程中她抗挫折的能力得到了锻炼和提升。

权晓桐同学： 一年多来，我还参加了班级和学校的很多活动，诗歌朗诵比赛、童话比赛、读书交流活动等等。现在的我每天都沐浴在幸福之中，有用不完的劲儿。今天能在这里向大家讲述我的心路历程，这在一年前是不可想象的。

高鲁娜老师： 晓桐还是一个有感恩之心的孩子，每个节日她都会给我做一个手绘的小卡片，写上她特有的祝福。我们真的成了朋友。现在晓桐不仅是个阳光的孩子，她还用自己的光照亮了身边的人。我觉得我所做的工作就是引领的工作，引领的过程就是爱的过程，没有对孩子的爱就无法也不能发现孩子连自己也不知道的特长和潜能。我很喜欢梅子涵老师的一句话："做一个点灯的人。"老师就是一个点灯的人，我们要点亮的是孩子们的信心之灯，有了这盏灯的照耀，孩子们的人生之路也就被照亮了。

主持人： 谢谢张亮老师和高鲁娜老师让我们分享她们的故事。让我们欢迎接下来的几位老师继续和我们聊一聊她们的故事，有请苏丹老师、周美英老师。

（二） 爱的智慧

主持人： 欢迎二位。爱，可以让一个孩子变得更加自信、更加开朗，爱也会有魔法。不信，我们一起来分享苏丹老师的《神奇的药丸》。

苏丹老师： 今年接一年级，遇到了一个特别的孩子。他叫扬扬，开学几周后，扬扬有一个奇怪的表现。每到下午，他都会和我说肚子疼。有时候，他又会说头疼。连续四五天，扬扬都有这样的症状。在这期间，我联系他的家长，带他去医院做了检查，他的身体非常健康，没有任何器质性的疾病。扬扬妈妈也考察了孩子"午托"的机构，饮食和午休都没有问题。排除了上述种种因素，我想到曾在某次心理学讲座上听过，当孩子的压力积累到一定程度，可能会表现为行为异常，如打人、吃手指等，或表现为疾病，如头疼、发热、腹痛等等。难道扬扬是因为压力而出现这样的"病症"？

这天下午一来上学，扬扬告诉我，他肚子又疼起来了。我认真地说："看起来你的确有些不舒服，但你如果能坚持上完这节课，我想我有件好东西可以治你的肚子痛哦！"好奇心的驱使，扬扬果然坚持上完了课，不像以前"哼唧"个没完，闹着要家长来接。下了课，他立刻跑到我这里，我拉过他，在他耳边悄悄说："苏老师有颗魔法药丸，很神奇的，吃了保管你肚子不疼，哪儿都不疼。"一听这话，他的大眼睛瞬间变亮了，马上就要我给他这治肚子疼的法宝，我却故作神秘："现在办公室人很多，我不能给药丸施魔法，而且如果药丸被别人看到，它的魔法也会失效。要不你再勇敢一点，忍着疼，再坚持一会儿，下课后我俩去个秘密地方，吃下药丸保准就好。"扬扬心领神会地点点头，出去了。

又到下课了，扬扬像阵旋风似的刮进办公室，哪里还有半点病状。我立即示意他不要引人注意，而后，我俩手牵着手"偷偷摸摸"地走到学校花园里，躲在一棵大树背后。确定四下无人，我才从口袋里拿出准备好的"魔法药丸"递给他。"魔法药丸"被我用金箔纸层层包裹，放在一个精美的盒子里，貌似神秘无比。我一再嘱咐他："马上就吃掉，不可被别人看见哦！慢慢嚼碎了，再咽下去，魔法才能充分发挥作用。"扬扬听话地照做了，这天真的孩子，对我的"魔法"深信不疑。他哪知道，我给他的"魔法药丸"，不过就是寻常的健胃消食片。随后，我又牵着他在校园里休息了片刻，再问他肚子疼不疼，他很肯定地说："一点也不疼了。苏老师，你的魔法药丸效果超好哦！"我趁机说道："扬扬，这些天你的身体不舒服，总想请假回家，是不是回家就好了呢？""是呀，回家就不疼了。"他马上回答。我说："一定是上课太累了，小朋友要坐足一节课 45 分钟可不容易呢！"他有些惊讶地说："苏老师你怎么知道、我最怕上课了，时间那么长，我屁股都坐疼了还没下课。"我被他稚气的话逗得哭笑不得，便说："我还有一个让你屁股不疼的魔法，你想不想知道？"他点头，我悄悄说："只要你上课时看着老师的眼睛，我就能把我的魔法能量传递给你，保证你哪也不会疼了，不信，下节课你就试试！"

果然，最后这节课，扬扬一直紧紧跟着我的视线，对课上的问题和游戏，他表现出从未有过的兴趣，我也时不时对他挤挤眼，传递我的"魔法能量"。他终于体验到学习是件快乐事。老师深情款款的爱里，再加上智慧的火花，一定能点燃孩子上进的火种，成为更好的自己。

主持人： 爱，真的是一件很神奇的事情。爱，真的会有魔法，它会让一切都朝着我们期望的方向发展。接下来的这个话题，我想我们在座的各位都会非常感兴趣的——听听周美英老师带来的《教学生学坏一点》

周美英老师： 今天我要讲的故事不知道算不算是爱的故事。因为这个故事我不是在教小孩学好，而是在教孩子学"坏"，并且是在教一个优秀孩子学"坏"。

我们班级有个孩子叫小博，成绩非常优秀，行为特别规范，是传统意义上典型的老师眼里的好学生，父母眼里的好孩子。有一次听写，小博错了一个字，没有得 100 分，全班同学几乎都同时发出一个声音："小博没有得 100 分？"就连那个自己听写错得一塌糊涂的孩子也这样说，感觉小博的问题比自己的问题大多了。顿时小博眼圈就红了。我教育了班级的孩子后，拉着小博和他聊天。我说："小博，你是人，不是神，是人就会有失误，是人就不可能完美。周老师就有很多很多不完美的地方。你看，我正在看《接纳不完美的自己》这本书。孩子，你可以允许自己失误，允许自己的不完美。"孩子听了我的话，开心地笑了。

我最近在思考：以前我总是使劲表扬他，让全班同学以他为楷模，让他成为班级的标杆。这种方式是在爱他吗？爱对了吗？

那天课间的时候，小博走到我身边说："老师，我从小到现在，一次游戏都没有打过。"要是以往我听到这话，肯定大大表扬他："你真是个好孩子！"但是当时我听到这话的时候，心却痛了一下，我当时真想对他说："孩子，你为什么就不可以去试一次呢？哪怕一次！"晚上，我就给孩子的家长打电话。我对她说："小博是个自制力很强的孩子，你找个机会让他玩一玩游戏，让他体验一下游戏的感觉。就让他不听一次老师的话。他有权利不听我们大人的话，他有权利犯错，也有权利在错误中学习。"

这又是一次教孩子学"坏"——教他可以犯错，教他可以不为了取悦别人而失去自我。

教育的终极目标是什么？是让孩子幸福。幸福是有一些方法的。不为了取悦别人失去自我，不要过分追求完美都是幸福的方法之一。我希望孩子能够在他很小的时候就找到这些幸福的方法，带着这些幸福的方法去生活，去学习。

主持人： 李校长提出的 8 颗爱的种子中，有一颗是爱真。我们教师，其实一直肩负着教育孩子真善美的职责，通过我们的言行传递给每一个孩子，而首先我们自己就要做到这一切。否则，孩子会困惑我们大人的言行不一。请听张莉老师讲述《爱的故事》。

张莉老师： 在这里和大家分享一个小故事，正是这件小事让我深受启发，受益良多，也真正明白了李校长 8 颗爱的种子中"爱真"的含义。

六年级下学期，在对整个小学阶段不同题材作文进行回顾和训练时，我发现学生的心理活动描写，语言乏味、言之无物，不能将人物的内心活动恰如其分地展示出来。写作作为对内心独特体验的感悟和表达，来源于生活，于是我决定帮助学生创设一个心理活动情境，让他们在体验中有所感触，从而写出自己的真情实感。

　　下午上课的铃声刚刚响起，我就笑容可掬地出现在教室门口，故作兴奋地宣布："这段时间同学们的课堂表现非常好，作为奖励，今天下午的三节课老师决定带大家去荔香公园打躲避球。"要知道躲避球可是班上学生的至爱，他们对躲避球的痴迷简直无法用语言形容，想要点起他们的热情，这招保准管用。果不其然，我话音刚落，教室里就一片欢呼，大家叫着、笑着，个个铆足劲地拍着巴掌，个别"狂热分子"甚至已经摩拳擦掌、跃跃欲试，恨不得现在就杀到荔香公园去比个高低。在他们的热烈响应中，我不露声色地扫描着每个学生。突然，我发现有几个平时不爱运动的女生还端坐在那里。这可不行，既然要渲染就必须到位，我一定要好好吊足他们的胃口。想到这里我索性豁出去，又加了一句："老师还要请这次比赛的获胜者和他们的拉拉队一起去吃麦当劳。"这下班级算是彻底沸腾了，大家都在紧锣密鼓地组织起拉拉队了。还有的同学摆出一副志在必得的样子说："哈哈，老师，你要破产了！我能吃两份套餐外加一杯大号可乐。"瞧着他们的兴奋劲，我抓住时机立马对他们进行了采访，大家都对接下来的比赛充满了期待。而当我用平静的语气告诉他们今天老师是和大家开了个玩笑后，教室里先是鸦雀无声继而炸开了锅，回应我的是一张张无奈、失望、沮丧的脸，写满了委屈和不解。当我让他们谈谈现在的感受时大家争先恐后地发言，有的说："我现在的心情就像是坐了个过山车，从高峰直接跌到了谷底，心里凉透了。"有的说："幸好我刚才半信半疑，希望小了点，失望自然也小了点。"看见大家都有满腹的话想说，我顺水推舟让他们打开电脑把刚才的感受写下来！

　　一下课，我就迫不及待地坐在电脑前仔细浏览起学生们的习作。这次作文源于亲身体验，孩子们都能通顺流畅地表达出自己内心的真实感受。我心里不禁有些小小的得意，看来这次情境的创设是对的，没有他们内心的跌宕起伏，哪能有这么深刻的理解、体会。可是看着看着，有些同学的文章中流露出的情感却让我陷入了深深的自责和不安中。有位同学是这么写的:"老师是除了爸爸、妈妈以外和我们最亲近的人,可是我们如此信任的老师却欺骗了我们。虽然也知道老师是为了我们好,可心里就是不舒服!"还有的同学写道:"这次老师骗我们吃麦当劳,下次老师说的话我们还要不要相信呢?"看到这里,我羞愧不已,自己之前的行为是多么愚蠢啊!当初只想到提高学生的写作水平却忽视了师生间最珍贵的信任,这简直就是饮鸠止渴啊!事后,我在班会课上向同学们诚恳地道歉,并获得了他们的谅解。为了弥补我的失误,我决定抽出一节品德课让孩子们去操场上开展活动。中午我给孩子们预订了雪糕,当他们进行了两场后,雪糕送到了,当我招呼孩子们休息一下并让他们吃雪糕时,孩子们个个喜出望外。

相信对于学生来说这只是他们学习生涯中的一个小插曲,很快就会淡忘,可是让我明白人与人之间的真诚、信任是多么宝贵,容不得半点虚假。

只有真老师才能教出真学生,只有真学生才有真社会,人类才会有真和谐,真快乐、真幸福!

主持人: 我们一直都希望能将真善美传达给孩子, 期望着我们的孩子都能成为一个善良可爱的人。 于是, 有了下面的故事《与善同行》。

杨静涛老师: 小学阶段大队委竞选的前夜,我一连收到了学生好几条短信,说是有同学在班上拉票,第二天,了解了情况后,发现拉票之风愈演愈烈,甚至有拉帮结派的行为了。该怎样才能让这群孩子明白凡事过犹不及,有些事要顺心而为呢?

在星期一的思品课上,我在黑板上写了一个大大的"善"字,然后我问学生:"你们认为,在当今社会中,善良重要吗?"

一石激起千层浪!

学生们都觉得善良很重要,纷纷用各种事例来说明。

"那你们想一想,如果这个世界没有了善良会变成什么样子呢?"我接着问道。

学生有的说,大家会变得自私自利,只顾着自己,不管别人。还有一个学生说,以前杨老师说过,有一个科学家他提炼了氮,制作了氮肥,用于农业生产，挽救了很多人的性命，因此获得诺贝尔化学奖，可是后来，他参加了法西斯，把自己的科学发明用于制作生化武器，结果众叛亲离，结局可耻。大家你一言，我一语，讨论得热火朝天，看样子所有的同学都打心里明白"善良"的重要性。在此基础上，我又抛出了一个问题："那么请同学们来说一说，在我们学校，在我们班级，哪些行为是善行呢？"学生从卫生习惯、人际交往、团结同学、尊敬老师、校纪班规等方面说了一个善良的人会如何做。

"是啊，善良的人会珍惜别人的劳动成果，善良的人会经常鼓励同学，善良的人能对别人充满宽容，善良的人脸上会带着甜甜的笑，因为他们的心中都是美好。"我总结道，"那么，对于我们班级的这次大队委候选人的选举，你们认为，一个善良的人应该怎么做呢？"

学生听到我的问题后，你看看我，我看看你，有些人会心地看着台上的老师，大家这时才恍然大悟，终于明白杨老师在周一的第一堂课上为什么花这么长的时间来讨论"善良"了。有好几个同学站起来发言了。

"应该让他们公平竞争。"

"不要去干涉他们的选举，让他们自己发挥自己最好的水平。"

"投票时要凭良心，不要因为平时跟谁关系好就投谁。"

"同学们，你们都说得非常正确，善良的人一定会让他们公平竞争。其实与人为善，最大的受益者不是别人而是我们自己，善良是一种大智慧，你的友善，必然带来别人对你的友善，我希望同学们都成为一个善良的人，一个快乐的人。"

这个班级的小插曲很快就过去了，而学生对善良的理解和思考却留在了心间。也许，作为老师，我不能在一件小事上就让我们的孩子明白善良的全部真谛，但是我把善良的种子播撒在学生的心间，学生他日必然能明白这个世界本来就是充满爱的世界，只有当我们用一颗爱的善良之心去感受这个世界，去参与这个世界，这个世界才会更加温馨和美丽。

（三）感恩与回报

主持人：这样，孩子们在爱中慢慢成长，而牵着他们的小手一路前行的老师，其实也会渐渐地在爱中领悟很多，就像老师们自己说的——爱，也让我们改变很多。一起来听赵素梅老师的《爱的故事》。

赵素梅老师： 我是一名任教一年多的新老师，当初为人师的新鲜感过去之后，我开始为孩子们在课堂上的纪律揪心起来。我试过很多方法，比如精心的教学设计，朗朗上口的英语儿歌，有趣的小游戏等等，但是收效不大。怎么办呢？一次偶然的机会，和经验丰富的刘炼老师谈心，她的一番话让我恍然大悟。原来是我不够爱孩子们！初为人师，对于教师这一职业，我原来的理解更多的是一份责任，而忽视了对孩子的爱，忽视了情感的强大力量。找到了症结所在，我就马上行动起来。每天早晨吃完早餐，我会第一时间来到班级，为孩子们开窗，开灯，看着孩子们一个个到校，对着每一个孩子露出发自内心的微笑。有些孩子还没有养成向老师问好的习惯，我会带着热情和真诚，先俯下身摸着他们的头向他们道一声"早上好！"中午午休后，我也到教室和孩子们在一起，和他们交谈。一个平时有些害羞的小男孩就跑了过来，神神秘秘地对我说：老师，你闭上眼睛，我要送你一个东西。我睁眼一看，原来是一根香蕉。他说：老师，你吃吧！我知道这个孩子中午是在学校午休的，这肯定是他没舍得吃的餐后水果，赶紧拉住他的手说：宝贝，谢谢你！你自己留着吃吧！他的眼睛里似乎闪过一丝失望，不过又马上对我说：老师，那你留着明天吃吧！说完，把香蕉放到讲桌上就跑开了。这时我才突然意识到接受了这根香蕉就是接受了孩子爱的表达。小香蕉，大情谊，现在我和孩子们之间越来越有默契。我衷心感谢刘炼老师对我的帮助，还有李校长，是您"教育就是播种爱"的教育思想让我们全校浸润在爱的氛围中，使我完成了从理论到实践的重大飞跃。

主持人： 其实我们很多老师每天都在重复着这些爱的故事，很多老师都认为这些只是平凡的理所当然的行为，我想接下来的杨儒军老师也是这样把爱当成最平凡的举动。

杨儒军老师： 2003年夏天，我有幸受聘于南山实验学校，我的人生也由此而发生了改变。

多年来，远离家乡的我将整个身心都投入到教学中，在南山实验度过了许多难忘的美好时光。记得刚到学校时，为尽快适应新环境，我每个晚上几乎都在备课、做课件。时常为了备好一节课，工作至深夜，甚至有时等到保安三番五次的催促才意犹未尽地离开。回到宿舍，想象着孩子们明天能在课堂上获得那份欣喜，一天的疲劳烟消云散，而我也会带着充实和满足的微笑沉沉入睡。这么多年来，我把对家乡的思念、对亲人的眷恋都融进了工作中，用忙碌来淡化那份浓浓的乡愁。

随着时光的流逝，一批批同事都如愿以偿地成为了在编教师，我虽然努力，但幸运之神却由于种种原因与我擦肩而过。那段时间我苦恼、徘徊甚至焦虑，晚上经常失眠，隔三差五地会做着一个相同的梦：梦里我回到了原来工作的学校，可走进教室看到的全是陌生的面孔，想到今后可能再也见不到那些和我朝夕相伴的孩子，我的全身总会出现一阵痉挛，如同电击一般。醒来之后，和孩子们相处的点点滴滴，跟孩子们共度的美好时光如同电影般在眼前一幕幕放映，那种锥心的疼痛和不舍让我深深地感受到：我已经离不开这些可爱的孩子，离不开这所充满魅力的学校。

由于工作，我忽视了爱情，没想到陈部长看在眼里、急在心上，她找到我，语重心长地说："杨老师，你也不小了，不要光顾着工作不考虑个人问题呀！"短短话语，宛如一股暖流，注入我的全身。陈部长虽说不能用"日理万机"来形容，但整天忙忙碌碌，她不仅在工作、学习上这么关爱和帮助我，还在生活上如此呵护，在这异地他乡，我感受到了亲人般的温暖。

主持人： 我知道杨老师收获了自己的爱情，还有一个可爱的儿子，一个幸福的家庭。现在的杨老师应该是一个非常幸福的人，听说很多孩子毕业以后还会回来看望你，是这样吗？

杨儒军老师： 是的，大家可曾记得，有这样一条短信："我要走了，本不想告诉你的，想了很久，还是得发个短信提醒你，晚上别再睡地板了，感冒可就麻烦了。我为你重新订了一张床，可拆洗的，再尿床你也不用怕了！"一次，我给一位家长朋友转发这条信息时，却在我按下发送的几秒钟里，接到了她打给我的电话。说真的我当时还没反应过来，她急促地问我："杨老师，您怎么了？您不能走，我们离不开你！"看她着急的样子，本该哈哈大笑的我沉默了，我不停地给她解释："短信还没看完呢，继续往下看啊。""反正你不能走。"她留下最后通牒才将信将疑挂断了电话。这件事对我触动很大，我隐隐感觉到这不仅仅是家长认为换老师对孩子不利，更多的是他们对我工作的肯定，为孩子能碰到我这样的老师而依依不舍。我庆幸，对孩子的这份爱没有白白付出，"有人在乎你"不正是自己的价值体现吗？这份爱是任何东西都替代不了的。

在学校工作的这些年里，让我体会到了领导与老师、老师与学生、同事与同事那种亲密无间的爱，正是这无处不在的爱，让我走到了今天，也让我收获到了许多的爱。

主持人： 其实，一直觉得做老师是一件很幸福的事情，你付出一点点，却可以收获许多的尊重和敬爱。有时候，孩子们一个小小的举动，就可以让我们很满足，很幸福。听听下面的故事《公开的秘密》，一起感受我们的幸福。

靳昕雨同学： 我们班主任的生日在我们班同学中间早已是一个"公开的秘密"。一天，两天……老师的生日就要到了，于是，我们自发地悄悄策划好，准备了一系列的惊喜给老师。

今天是老师的生日，第一节课就是老师的课，我们正在利用第一节课前仅有的一点儿时间"加紧排练"。我们小心翼翼地把一包一包的礼物放在一起，整齐地摆在讲台边。当最后一个礼物摆放好后，尽管老师还没来，全班都安静了下来。就连昔日的调皮蛋们，也都乖乖地和别人一样，静静地趴在桌子上，教室里安静地连一根针掉在地上都能听见。谁都没有打瞌睡，大家都兴奋地想着老师惊喜的样子。

"快快快，大家快准备！"我们的小小"通报员"急急忙忙地跑了回来，小声说道。伴随着班长的口令，大家整齐地拍了拍手，坐正了。果然，老师来了，她诧异地望着我们，好像不认识我们了。"上课！"伴随着老师清脆而熟悉的声音，全班"呼"地站了起来，没有一个人落下或是慢了。

接下来，音乐课代表起了一个头儿，我们脸上带着只有唱国歌时才有的庄重，大声而整齐地唱起了生日快乐歌："祝你生日快乐，祝你生日快乐……"童声的合唱回响在我们教室，就连唱歌最不好的那个同学，都在认真地唱。我们班的同学并不是人人唱歌都很棒，但是每一张嘴，每一双眼睛，都流露出了最真实的情感——老师生日快乐！

谢谢您，老师，谢谢您5年来对我们的辛勤教导，我们要用自己的行动来告诉您：我们爱您！

主持人： 听完这个故事，我想做老师真是一件幸福的事情，一点点付出却可以收获满满的感激和幸福。那么，孩子们，在你们眼里，老师的爱到底是什么？

叶可欣同学： 我觉得爱就是老师送给我们的一个个让我受益无穷的故事。记得有一次，老师给我们讲了一个"一小步，一小步"的故事。这是发生在两只小鸭身上的事情：白天，鸭大哥和鸭小弟随着鸭妈妈到森林里玩。玩着玩着，鸭大哥和鸭小弟便迷路了。天快黑了，两只小鸭都急得团团转。还是鸭大哥冷静一些，领着鸭小弟往北斗星所指的方向走。一路上，鸭小弟不停叫累。鸭大哥听了，说："我教你一个好办法。迈出左脚，你嘴里就数'一'，迈出右脚，你嘴里就数'小步'。这样'一小步，一小步'地走，就不累了。"鸭小弟听了鸭大哥的话，便也学着走起路来。"一小步，一小步……"随着鸭小弟嘴中的一小步，他走路的步伐也越来越有节奏感，速度也越来越快，慢慢地，它们走出了森林，穿过了草地，回到了鸭妈妈的身边。

这个故事很简单，无非就是不断重复"一小步，一小步"。可是，这么多的"一小步"累积在一起，却可以走出长长的森林。老师想告诉我们的，也正是这一点。在学习中，不求一步到位，但要不断进步，仅仅是一点点也可以。

像我学了7年钢琴，可如今却因学习负担加重而对钢琴的兴趣越来越淡，我有些厌倦钢琴了。然而，自从我听了老师讲的这个故事后，便对自己进行了反思。在这个时候，我不应该放弃，而更应该选择坚持。尽管我每天练琴的时间相对减少，但我从没有放弃，因为每天一小步一小步的坚持，我收获了一大步一大步的进步。后来有一天，我居然还为大钢琴家朗朗做了琴童，同台演奏呢。

到今天，我更加深刻体会到了"一小步一小步"的真正含义，我也要再一次谢谢老师，谢谢您的谆谆教导，也谢谢你讲过的每一个小故事、大道理。

主持人： 孩子，你说得真好，我们每一个老师都是这样用一个个的小故事传播了一个个大道理。

李天琪同学： 我觉得老师的爱，就是寒冬时握住我小手的那双大手。那一年冬季，我有幸被选进学校的小交警训练队。我们每天都要很早到校练习交警动作，因为考虑到活动起来会很热，我穿得很少。可是那时是冬天，训练中途休息时，冷风一吹，我顿时感到阵阵寒气袭来，不由得蜷缩起身子。王慧老师看见了，用她惯有的热情的语气说："哎哟，宝贝，没穿外套呀！来，老师帮你暖暖身子！"她一边说着一边将她那漂亮的大衣脱下来披在我身上，还将我冰冷的小手握住，"傻孩子，怎么不穿件厚外套呀，瞧这小手冰凉冰凉的，下次记得带厚衣服啊！每次训练完后一定要披上外套，要不然很容易着凉的。"其他同学看到王慧老师握着我的手，也纷纷过来，要王老师暖暖她们的手。王老师笑呵呵地一个个握住大家的小手，将温暖传给我们每一个人。

5年来，我和同学们享受着王慧老师发自内心的真爱，她春风化雨般的关怀让我明白：老师的爱，就是她带领我们玩耍时那明媚的笑颜；老师的爱，就是冬天时分给我们的那暖暖的开水；老师的爱，是骤然降温时披在我身上的那件暖暖的外套；老师的爱，就是寒冬时握住我小手的那双柔柔的大手……

老师，谢谢！谢谢您对我们的无私奉献，谢谢您关注我们成长中的点点滴滴。

主持人： 老师们一个鼓励的眼神、一句温暖的话语，也许都会变成长存我们心底的感动，也许都会变成一生难忘的恩情。在你的记忆中，哪个老师最让你难忘呢？

今天的活动，一定也会引发李校长的感慨，下面，请李校长和我们一起分享他的感受。

李先启校长： 尊敬的各位老师、各位家长、各位同学！

这两天，深圳的温度下降，外边是非常寒冷的，但是我们在这个小小的空间里却感到非常温暖，这种温暖是怎么带来的呢？就是"爱"带来的。

我作为校长，我是幸福的。作为校长，他有两个任务。一个任务就是要做个好校长，这个好校长不是自己封的，而是由社会、学生、家长和老师他们口口相传来评价的；作为校长，他要办一所好学校。而且，这所学校在得到公认以后，在他离开这所学校后，还是一所好学校。这两个条件加起来才是一个真正的好校长。

那么，好的学校靠什么去延续和发展？是靠学校的文化。学校文化的核心又是什么呢？就是学校的办学理念、办学思想。就我们学校来讲，可以高度地概括成"教育就是播种爱"。这个理念，是我和我们在座的老师共同创造的。我们大家都认可它，理解它，并把它变成我们的教育行为。

今天在这里我非常感谢学校南头部的几位讲述的老师，我们说"要热爱每一个孩子，要会爱每一个孩子，要让每一个孩子感受到爱。""热爱每一个孩子"是口号，是个古老的话题，每一代的教育工作者都在提，但是会爱每一个孩子是一门艺术。今天我们南头部的老师展现了他们爱孩子的艺术。他们讲的每一个故事，看似简单，实际上融合了当今世界最深奥的、最现代的教育理念。

我们在读一篇教育论文的时候，太多的原则，太多的方法，我们一句都记不到。但是今天，我们每一个老师讲的故事可以留在学校的发展史中，永远流传。他们谈到了很多，也让我学习到了很多。比如刚才李老师讲的故事中提到的，这个小孩子特别调皮，甚至当众露出他的小鸡鸡，这种现象是一种什么现象？其实这个孩子想与其他孩子交往，他想得到肯定，想得到注意，但他根本不知道他把自己隐秘部分露出来是个可耻的事。传统的教育理念可能会让我们认为这是个"小流氓"。但是我们认识到这个孩子，他需要得到注意，想得到别人的认同的时候，我们用另外的方式让他成长。可以说社会以后减少了一个"暴露狂"。

我们的教育好像都在培养好孩子，听话的孩子，每一点都让我们非常满意的孩子。但是刚才周美英老师提出来一个非常有趣的问题，这样的"好孩子"是不是我们期待的好孩子？会不会成为即便考上清华、北大等全国著名大学也跳楼的"非常优秀"的孩子？

今天，通过老师们的讲述，我想大家也有这样的体会，包括老师、家长，我们都知道怎么去爱一个孩子。会爱才是艺术，会爱才是我们教育的最高的境界。爱可以激发学生的学习热情，能够调动学生所有的兴趣和爱好，让我们把爱的主题，永远地进行下去吧！

主持人： 谢谢李校长！今天的故事让我们感动，今天的拥抱让我们温暖，今天小小的感恩卡无法承载完我们所有的感激。这些爱，除了让我们感动，我想更应该化为今后我们工作的动力，让我们每一个老师，都作为爱的使者，让我们也成为爱的使者，爱的缔造者，每一天，传递爱，播种爱，也收获爱。

相信 · 爱

—— 南山实验学校麒麟中学爱的故事讲述会

时间：2011 年 3 月 27 日下午

地点：深圳南山保利剧院

主持人：程磊、李鹤

讲述教师：陈攀峰、辜庆莉、曹祖芝、卜升华、袁朝川、朱家玮

参加人员：特邀嘉宾、全体教师、学生和家长代表

（麒麟中学建校十周年视频短片）

旁白（栗容博老师）： 当"教育就是播种爱"成为我们南山实验学校的教育主题，每一个南山实验人都用自己的爱、赤诚和智慧去践行着这一教育理念，践行着"爱每一个学生，会爱每一个学生，让每一个学生都感受到爱"的教育理想。相信这份爱已深植于你我心间，更相信这份爱已在全校师生的心中撑起了一片蓝天。

十年，于人类历史而言，只是短暂的一瞬，

十年，于麒麟中学而言，却是波澜壮阔的十年！

十年，我们风雨同舟；

十年，我们相携走来；

十年中，先后有 6 届毕业生从麒麟中学走出，毕业生人数近 4000 人，他们中不乏进入清华大学、北京大学、浙江大学、中国人民大学等国内一流大学深造的学生，还有很多考入世界各地名牌大学的学子。

……

所有这些辉煌与荣誉的底色是麒麟中学老师们的爱与奉献！

感谢时光让我们在麒麟中学这片美丽的土地上倾心相遇。

感谢李校长让我们在"教育就是播种爱"的教育理念下，播种爱，收获爱。

感谢这一路走来——只因为我们心中都相信爱！

（一） 特别的爱给特别的你

主持人： 正如我们刚刚看到的，麒麟中学的这十年，我们一路走来，培育学生无数，创造的教育成果累累，可谓桃李满天下。在这样辉煌的背后是我们所有老师的辛勤付出和无悔的奉献。然而我们的学生中不仅有天资聪颖、勤学好问的学生，还有的是一些相对比较特殊的孩子，需要我们耐心帮助和关爱的学生，面对这些孩子，我们的老师又是如何做的呢？

下面让我们一同走进今天的第一个版块——特别的爱给特别的你。掌声有请现场主持人以及陈攀峰、辜庆莉、曹祖芝三位老师，一起来听听她们的故事。

尊敬的各位领导、嘉宾，亲爱的老师、同学、家长，还有我们已经跨出麒麟中学校园的专程赶来参加讲述会的毕业生同学们，大家晚上好！

特别的爱给特别的你。今天我们的讲述会首先一起来分享的是陈攀峰老师的故事。

故事的主角叫小华，我们学校所有的老师都认识她。小华在南头小学部毕业后一度曾休学3年，再到学校上初一的时候，就分在了陈攀峰老师的班里，因此她的年龄比班级里的其他孩子大了将近4岁。说小华特别，是因为她不仅患有智力残疾，而且患有一种不常见的疾病——癫痫，就是俗称的羊角风，发病的时候会全身抽搐。同时小华还特别敏感，总是认为别人在议论她，欺负她，所以她经常碰见老师不管她认识还是不认识的，都会跑上前去告状。陈老师，当时小华在班上一定是你最关注的对象是吗？

陈攀峰老师：当时我班里男生比女生多了将近一半，这帮调皮的男生已经把我弄得焦头烂额，加上一个小华，管理难度就更大了。因为她不仅白天找我告状，晚上还会打电话给我重新讲一遍白天发生的事情。当时我只能耐心地听着。小华的这种病据小华妈妈告诉我，如果孩子心情好发病的次数就会少些。因此，面对这样的一个孩子，我能做的就是给她更多的爱和理解。

针对小华的情况，我把她安排在讲台边上，以便更好地照顾到孩子，因为她比其他孩子更需要关爱。我也没有告诉孩子们小华的情况，因为我怕孩子们欺负她，不接纳她。

没想到孩子们很快觉察到了她的不同，一下课就背着老师逗小华玩，而小华就骂他们。十几岁的男孩子天性就调皮，每天想着法子惹她，还起了"考古"专家、照妖镜等乱七八糟的外号去惹小华。

受了委屈的小华会很生气地到我那儿告状，还会到各个老师那儿去告状，小华只要看到我，就会冲过来拉着我说："陈老师，你一定要好好教育我们班那帮没有家教的男孩子。"

而这帮男孩子们当着我的面很快承认错误，但一会儿就忘了，继续惹小华。因为这群调皮的男孩子喜欢聚在一起大叫，小华又特别敏感，以为孩子们是嘲笑她，小华很容易就和这群男孩子干起来了。我想我不能每天都当小华和这帮男生的消防员，我该怎么办呢？我觉得我不应该对孩子们隐瞒小华的病情，而应该想办法唤起孩子们对小华的关爱。

主持人：陈老师，在初中阶段的三年时间里，小华的癫痫病犯过吗？

陈攀峰老师：犯过，第一次犯病是在初一的时候。那天孩子们目睹了小华患病时痛苦地抽搐，颤抖，不能说话。当时孩子们都吓坏了，纷纷跑开了。我其实也是第一次见癫痫病发作，更是第一次见我的学生患这种病，看到小华抽搐的手脚都变了形，而我又束手无策，我心疼的眼泪都快流出来了。我迅速找了几个胆大的男生把她扶到校医务室，并立即打电话给她妈妈，她妈妈匆匆赶来，看到抽搐颤抖中的小华，眼泪在眼眶中打滚，还一个劲地跟我说："陈老师，对不住，给您添麻烦了。"

看着小华母亲扶着颤抖的小华孤单远去的背影，我的心像被揪的难受，眼泪止不住地流了下来。虽然那时我还没有做母亲，但我能体会到这位单亲妈妈的那种心痛和无奈。我觉得我应该尽自己最大的能力来帮助这位无助与痛苦的母亲。

我利用小华不在的这段时间进行了针对小华同学的一场"爱的奉献"主题班会。我知道孩子们需要引导，我向孩子们讲了小华的处境以及她的疾病，希望能唤起孩子们心中的真、善、美。我知道我的孩子们是不会把自己的快乐建立在别人的痛苦之上的，我相信我的孩子们都会尽自己最大的努力帮助和包容小华。当时的我不知道为什么，小华母亲扶着颤抖的小华离去的背影总在我眼前浮现。说着说着，我抑制不住自己的情感，眼泪流了下来。最后我和孩子们一起唱起了："这是心的呼唤，这是爱的奉献……只要人人都献出一点爱，世界将变成美好的人间。"那群小男孩都眼眶红红地低下了头。其实我知道孩子们本性是善良的，只是因为调皮和好奇，所以喜欢逗小华玩而已。希望小华和她妈妈能够收获到属于她们母女俩的幸福。

对孩子的教育不仅要"言传"更需要"身教"，我从自己做起，让学生感受到老师对这个特殊孩子的爱护，再把这种关爱从班干部开始做起，进而带动全班同学。因为她身患残疾，体育中考符合免考政策，需要交一些材料。小华根本就弄不太清楚，我就把要提交的资料清单写给孩子，然后再打电话给她妈妈一项一项交代，虽然中考对小华来说没有意义，但这种关爱让她觉得她和别的正常孩子没有区别，这让她觉得特别高兴。体育课上，孩子们都特别关心她，后来她癫痫病发作两次，孩子们没有像以前那样躲开，而是跑上去帮助她。我发现惹小华的男孩子明显少了许多，有一些女孩子还主动和小华谈心，做朋友，看到别的班孩子欺负小华，我们班有些孩子还会严厉地谴责他，保护小华。这样，我觉得非常欣慰。

主持人： 后来，小华虽然仍喜欢到处找老师倾诉，但倾诉的内容和以前有了很大的不同，她甚至会跑到李校长、苏校长、汪部长那里去讲她的事情，我们都微笑着听她讲完，然后鼓励她几句，她会非常高兴地边笑边跑着离开。

陈攀峰老师：她会说她哪科成绩不理想需要老师给她补习之类的话以及进入青春期的小华会害羞地说我们班有男生上课总色眯眯地望着她，肯定是暗恋她，还给她抛媚眼，而我能做的是不停安抚小华，让她高兴，做她最忠实的听众。她在高兴时会跟其他老师说"我们班的攀攀老师很疼我的哟"，而她的癫痫病也只在初一时犯过三次，初二到最后顺利毕业一直没犯，她妈妈也非常感谢学校。孩子在学校感到非常快乐，因为她妈妈最大的心愿是小华能像正常孩子那样快乐地学习和生活。我觉得只要孩子快乐，就是我最大的幸福，因为你快乐，所以我快乐。

主持人："因为你快乐，所以我快乐。"一句简单的话让你我感动。而小华的故事也正体现了李校长"教育就是播种爱"的 8 颗种子其中的第一颗种子——"爱人"，成绩优异、表现优秀的孩子需要爱，像小华一样特别的孩子更需要我们的关注和关爱。

小华现在已经在南头街道办残疾人康复中心工作，去年我还碰见过她，她说很想念陈老师，很想念学校。在这里，我们也一同用掌声来祝福小华在今后能收获属于她自己最美的幸福。谢谢陈攀峰老师给我们带来如此温暖的故事。

不知道大家还能否记得两年前有这样一个学生从我们学校快乐的毕业。他叫小天，他在学校经常会有一些意外的举动引来别人的关注。例如，上课过程当中，他会忘情地在教室后面做弹钢琴状，做打架子鼓的样子；学校集会，他会旁若无人地站在后面做指挥状，等等。学习对他来说有一定困难，但是他特别喜欢音乐，喜欢弹钢琴，喜欢指挥。辜老师，就是小天当时的班主任。

辜庆莉老师：小天是一位"亚斯伯格症"患者。这是一种广泛性发育障碍的疾病，表现在语言发展、人际交往、社会情景方面的困难，而且各方面发展又不均衡。小天对科学、数学的学习几乎一窍不通，作为班主任，我能做的就是站在老师，更是站在一个母亲和家长的角度，对他倾注全部的爱。

然而，小天的确还有很多不同于常人的表现。

小天这些不合时宜的举动不光引来我们班同学的关注，而且也被别班的同学们捕捉到了。有一天，我在教导处无意中看到一份学生的作文正被印刷，那是五班李桐同学的一篇期中考试作文，标题大概是"发生在校园里有趣的事"。那篇文章写得非常好，印象中是满分，语文组的老师准备印发给全年级作为范文供大家学习。文章的内容虽没指名道姓，但作为班主任的我一看写的正是小天，写他在校园里做的一些奇怪的事，引来同学们围观，嘲笑。文章写得很生动，虽然作为不熟悉他的人来说文中没有指名道姓、言语攻击，但我还是感觉字里行间充满了对他的嘲笑，也许是我太敏感。不知怎么回事，我看后心里很不舒服，就像自己的孩子被人拉人前示众一样。我立刻告诉李慧霞主任，能否不要发给同学们这篇作文。因为他们都很敏感，一看就知道是谁，这个伤害对小天是很大的。语文组的老师知道了具体的情况也立刻采纳了意见，停止了印刷。

主持人：我觉得幸好被你发现了，我想如果发给全年级同学后，小天他肯定会知道写的是他。我觉得对于他来说是一场灾难。

辜庆莉老师：我也真的很感谢小天在学校的三年时间里，所有老师对他的关心。因为老师、同学们对他的关心、爱护，让小天对当时的七班很有归属感，也对班级荣誉非常重视。在初二的时候还发生过这样一件事情，为了班级的荣誉，他做了一件意想不到的事情。

就这样，我们师生愉快地相处着。然而，谁也没有料到，还是有意想不到的事情发生。

有一天下午刚放学，同学们陆续回家，我正在教室里和几个同学交代事情，突然一位老师神色慌张地冲到我的教室，大声说："辜老师，快去看，邓天阳要跳楼了……"我一听，脸吓得煞白，心咚咚直跳。我飞快赶到事发地点，四楼的初三（三）班教室门口，只见一个大个男生抓着邓天阳，他们倚着栏杆站着，很快，从同学们七嘴八舌的谈论中，我得知了事情原委。其实是一件很小的事：下午最后一节课是年级篮球赛，我们七班与五班比赛，三班有几个学生观战，而这几个观战的同学却一直支持五班，而不支持我们班，这件事激怒了小天，他一遍一遍地叫他们支持我们班，可是他们不听。谁知道，执著的小天放学后再次到三班找到那几个孩子，问他们为什么不支持我们班，那几个学生当然没有把他的话当回事，一气之下，邓天阳就把脚跨了过去，重心已经越过了栏杆……要不是旁边一个学生眼疾手快把他扑住，要不是栏杆外还有一个花坛，后果真是不敢设想。

我把小天带到了办公室，那一刻，我止不住的眼泪夺眶而出，而小天也哭着说：辜老师，对不起，他们不支持我们班，我太生气了……他的话让我心酸又心痛。我拉着他的手说：小天，你怎么这么傻，你要知道，你这一跳，就像鸡蛋掉到地上去了一样，再也收不回来了啊，你爸爸妈妈失去了你，辜老师也失去了你这个可爱的学生了。那天，我跟他谈了很多，包括如何做人，如何和同学们相处，如何排解心中的困难和郁闷，我们师生俩一直谈到天黑，我才把他交给闻讯赶来的他母亲的手中。

第二天，小天给我写了一封较长的信，大意是说：他喜欢我们这个班级，他不能容忍别人说我们班的坏话，等等。并且再一次强调，他再也不会做这样的傻事了。

说实话，作为老师的我觉得自己对他关照还远远不够，但在孩子的心中，却把老师、班级的荣誉看得比自己的生命还重要……孩子的这封信深深地感动了我。我在寻找着机会。

主持人： 我想辜老师要找机会的目的是不是让全校的同学都认可和尊重他？

辜庆莉老师： 那是在学校的一次艺术节上，其中有一项内容是钢琴比赛。同学们经过初赛，复赛，最后有 10 个人进入学校总决赛。小天也在学钢琴，可能刚过六级，凭实力，他肯定无法进入决赛。于是我找到冼老师，跟她说了小天的情况，希望能给他一次参加决赛的机会。音乐组的老师也非常理解和关注小天，终于给了他这个机会。然后我又打听到，评委除了学校领导和老师外，还有一个班的同学，他们既是观众又是评委，而这个班是初二的一个班。我立刻找到这个班的班主任，希望能把这个机会给我们班，他欣然同意。接下来我就有事做了，首先我在我们班隆重介绍了小天，说他过关斩将，闯入决赛，是我们班的骄傲，而且我们班荣幸地被学校选为唯一的学生观众兼评委。孩子们在我的一番鼓动下，激动得不行，觉得自己被全校关注。接下来，一切就顺理成章。同学们欣赏了小天在决赛中的忘情演奏。最后，小天获得了"最具音乐潜力奖"。在接下来的周一升旗仪式上，在全校师生面前，他接受了苏校长的颁奖。

那是我们在初三的时候最后一次参加学校的元旦联欢会，为了邓天阳，我和班级同学商量好，把这个宝贵的登台机会留给他，让他在我们班、我们学校的三年不留下任何遗憾，同学们都答应了。最后我们班选送的节目只有邓天阳的独唱，获得最后的表演资格。12月31日，我们全校师生在操场聚会，轮到邓天阳上场了，他穿着白色的上衣，黑色的裤子，显得青春活泼，他忘情地演唱，他的激情点燃了全场，全体师生一起为他欢呼，邓天阳把他喜欢的音乐，喜欢的歌声发挥到极致，连一直阴霾的天空，都为他露出了灿烂的笑脸。这次表演，邓天阳为我们班赢得一等奖。

主持人： 当时的他站在台上真的很忘我的演唱，感染了所有同学，我们找到了当时他演唱时候的视频，我们一起来看一下。（播放邓天阳演唱视频）

当时真的是所有人都被他感染，全校师生都起立为他鼓掌，他赢得了最热烈的掌声和欢呼声。现在小天在成都艺校学习，前不久他妈妈还跟辜老师通过电话。

辜庆莉老师： 现在他在艺校学习非常充实，非常开心。

主持人： 但他平时谈得最多的还是他忘不了在南山实验的快乐时光，忘不了我们的班级，忘不了辜老师……

2010年11月30日，我们从电视、网络等媒体知道了一个喜讯。现在就读于深圳高级中学，毕业于我校的李卓恒同学获得了一项大奖。我们来看看当时的情况。（播放李卓恒、张芷溪的短片）

在这次比赛获得冠军、亚军的6人当中，就有三名是我们学校的毕业生，就是短片中所提到的李卓恒、张芷溪、吴琛同学。尤其需要强调的是张芷溪、吴琛同学参加这个比赛的时候，是刚从我校国际班毕业一个多月，如此优异的成绩正凸显了我校以"培养有移动能力的世界人"为目标的、国际化办学模式的丰硕成果，同时也从一个侧面能看出我校这10年来先进的办学理念和骄人的办学水平。

曹祖芝老师是他们三人中李卓恒同学初中时候的班主任。李卓恒当时是八班的班长，后来也是校学生会主席。我们说他特别是因为这如今自信、阳光、有良好沟通和领袖气质的学生，在 4 年前的初中阶段给我的印象可是另外一个他……

曹祖芝老师：李卓恒本身是一个认真负责、成绩优异的男孩，但那时他稚嫩、胆小、不善言辞甚至一着急就有些口吃。这种安静胆小的孩子通常最容易被忽视。我们的教育理念是爱每一个孩子，让每一个孩子都得到全面发展。初中三年是一个孩子情感态度价值观形成的最关键时期。作为班主任，我最大的任务就是根据每个孩子的特点，因势利导，让每个孩子的潜力得到最大限度的挖掘和发挥。那时同学们刚进初一，我们班需要竞选班干部。我们常常会培养胆大、善于沟通的孩子做班干部，因为这样相对容易成功。而李卓恒胆小，但他严谨，有正气，好学上进，这让我相信他有做班干部的潜质。我觉得我应该给他多一些锻炼的机会，不断引领他成长，使他逐步克服自身障碍，更重要的是让他正确认识自己、相信自己、拥有强大的内心。也许我的努力能改变他以后人生发展的方向，所以，我鼓励他参加班长的竞选。

在我的鼓励和帮助下，他只竞选上副班长，主管纪律。刚开始他和所有没有经验和方法的班干部一样，靠嗓门大和威胁人来管理，比如他会说：安静，都安静！谁再说话我就告诉曹老师了……他也常来告状说同学们不听他的，两面派，老师在的时候就守纪律，老师不在时就捣乱。

主持人：其实我们读书的时候私底下最不喜欢的就是这样的班干部了。

曹祖芝老师：是啊，当时我也替他着急。我觉得首先要改变他的观念，就是班干部到底应该怎样定位自己？我先肯定他为班级工作的热心和积极性，理解他的难处，然后告诉他，威信不是靠嗓门大、搬救兵来树立，而是靠自己的行动。管理同学时如果碰到抵触，不要先找同学们的原因，而是先考虑自己的方式是否欠妥当，布置的任务是否合理科学。班干部不是指挥别人做事的官，而是学生的一员，是同学们朝夕相处的伙伴，只要有利于班级、同学的事情，班干部都应该主动热情地去做。遇到问题不埋怨，碰到好处不抢功，时间久了同学们就会感受到你的诚心，才会心悦诚服地服从你的管理。也就是说，要想改变别人，应当先

43

改变自己。

后来班里的粉笔头掉在地上，他会捡起，而不是先去追究谁扔在地上；有时个别值日生逃跑，他不是先告状，而是先自觉替上，将班级卫生打扫干净；开运动会总有同学将椅子忘在操场上，只要他看见总帮助搬回去……当然，有很多事我是有意提醒，他才去做，但只要他做了，我都会及时向同学们宣传他做的事情，以帮助他树立威信。如我对同学们说：李卓恒将班级当自己的家了，一点点粉笔头都捡起来了，既节约粉笔又维持了班级的卫生；我在班级对忘搬椅子的同学说，你这个粗心鬼，人家李卓恒帮你把椅子搬回来了，你要怎么谢他……经过不断铺垫和渲染，慢慢的，同学们开始认可他了。

那次我们班苦心排练的节目《校园的早晨》终于被预选上了，这是一个多人参加的表演唱节目，卓恒在里面有一段萨克斯演奏。但音乐老师说萨克斯的演奏与演唱不在一个调上，建议去掉，以利于我们班在正式演出时有好的效果。

主持人： 你一说我就想起来，当时在年级节目选拔之后，我和音乐组的老师都有这样的感觉，建议去掉萨克斯。

曹祖芝老师： 卓恒和大家一样排练了近一个月，花费了那么多时间和精力，正式演出时不让他上，确实让人难以接受。同学们很矛盾，我也很纠结。我准备好一大堆劝他和安慰他的词，找到了他，谁知他直接就说：曹老师，没事，我听您的安排。虽然他是笑着说，但他脸上还是流露出难以掩饰的落寞。我知道这是为难孩子，我找到他，他其实已无法选择。我知道他毕竟是孩子，非常想参加，但他为了集体做出了牺牲，我们不能让这样的孩子吃亏，我必须帮他做点什么。

第二天我对班级同学说，昨天李卓恒同学主动找我。提出以班级荣誉为重，要求退出，并会一如既往支持我们的节目。我不忍心他退出，但尊重他的选择，并为之感动，让我们以热烈的掌声感谢他对集体的热爱和大度的情怀。

当时他很惊诧地看着我，我知道他觉得我拔高了他，因为他并没有"主动"，但我认为作为一个十几岁的孩子有这种境界已属难得，让他感觉到为他人付出后的温暖，会坚定他对他人的善意，这是对他受益终身的品质，我愿意为他说这个善意的谎言。而他也正像我说的一样，为了这个节目，帮同学们拿衣服、搬物品、找伴奏，忙前忙后。我知道这一次他热心做事与以前有本质的区别，如果以前是为了得到别人的认可，这一次是体会到"赠人玫瑰、手有余香"的快乐。此次事情之后，他的威信完全树立起来了。在此后不久的班干部改选中，他竞选上了班长。

当然，和其他孩子一样，他也有遇到挫折的时候。初二时，他参加校十佳中学生的评选，尽管他花了很多心血，也寄予了极高的期望，但面对台下几百名师生和评委，他还是不免有些紧张，越急，越容易结结巴巴。最终他还是落选了。

看着他泪水潮湿了眼睛，我不禁为之心痛。我该如何帮他才最有效果呢？我想到了当时正在热映的电影《功夫熊猫》，其中最触动我的是当熊猫历经千辛万苦获得的武功秘笈竟然是白纸时，他的师父对他说："这世上没有秘笈，关键是你相信自己！"我将这个故事与李卓恒分享，并告诉他，要相信自己，相信自己是优秀的，明年再来，还有机会。其实，对于他来说，这一次的失败比成功更有收获，他真切体会到相信自己有多么重要，只有不断充实和完善自己才会使内心真正强大。后来我不断支持他参加演讲比赛、朗诵比赛等多种活动，推荐他阅读人文和历史书籍，如《大国崛起》《中国古代政治之得失》，并与他一起讨论交流，将他的目光从身边的小事引领到更高更远的空间和时间，以培养他的领袖气质和大气情怀。活动的历练和书籍的滋养，他的视野越来越开阔，害羞和紧张也慢慢克服了。

主持人： 九年级的时候，他如愿当选为十佳中学生，李卓恒的颁奖词也成为亮点，我们一起来看。（背投出现颁奖词）颁奖词是这样写的：当个人利益与他人和集体利益发生冲突的时候，他能无私地选择顾全大局，一次抉择容易，难得的是三年来他始终如一，他的一身正气树立了班级的形象，金子般的心彰显着人性的光辉。他，是一位一身正气、心底无私的班长——李卓恒！

曹祖芝老师： 看到这份颁奖词，又仿佛回到了那一天，当主持人宣读李卓恒的颁奖词的时候，作为班主任的我真的无比激动。在颁奖典礼前几天，我特地打电话给他妈妈，希望他父母二人都能来参加颁奖典礼，因为我曾和李卓恒聊天，知道他的爸爸是一名警察，常常孩子睡着了爸爸还没回家，爸爸还在睡觉孩子却已上学，父子俩见面谈心的时候很少，其实孩子是希望爸爸来分享自己的快乐的，而卓恒是懂事的孩子，不愿因此耽误爸爸的工作。我觉得我应该帮卓恒提出这个要求，让父母与孩子一起见证这个来之不易的时刻，分享成功的喜悦。颁奖那天，看见他们一家三口幸福地拥在一起，我体会到相信和爱的力量。

主持人： 李卓恒后来在初三的时候被评为深圳市优秀学生干部，中考以794分的成绩进入了深圳市高级中学。今天我们也请到了他来到我们现场，有请李卓恒同学。

李卓恒，欢迎你。曾经你是那么的不自信，现在你却可以在国际精英挑战赛的舞台上夺魁。听到曹老师刚才说的那些事情，回想初中三年，你有何感想？

李卓恒同学： 是的，非常感谢曹老师。曹老师三年来一直支持我去参加各种活动，学生会竞选、十佳中学生等。虽然其中有失败亦有成功，但她总是在我失败的时候鼓励我，而且我在失败中获得的经验很多。比方说，第一次十佳中学生竞选时，我由于过于紧张（大场面见太少了），而失去了机会。随后，她不时鼓励我，告诉我要"相信自己，明年再来，你是很优秀的"，也许她说的很多话我已难完全记得，但这样的方式却让我更勇于往前走。

曹祖芝老师： 卓恒，非常高兴有缘陪你度过三年的时光。看到你今天的成绩，更坚定了我的教育信仰，培养学生拥有健康的情感、乐观自信的态度和积极正确的价值观，培养让学生终身受益的品质，比传授知识更重要。我愿意为此孜孜不倦地付出。愿你越飞越高，越走越远。其实像对自己的孩子一样，无论你在哪里，我的关注和祝福都永远追随着你。希望时常听到你的好消息。

李卓恒同学： 其实一直没有机会向曹老师表示感谢，我今天在这里要向曹老师深深地鞠躬，表达我此时的心情和感受，并将这束鲜花献给曹老师。

主持人： 从李卓恒这深深的鞠躬里，我们看到了他对曹祖芝老师的那份尊敬、感激，因为现在的他更明白自己从懵懵懂懂的孩子蜕变成阳光向上的少年， 是曹老师给予了他爱的力量。

（二） 智慧的爱让人更温暖

主持人： 上面三位老师的故事告诉我们， 当你面对有点特别的孩子时， 他们与其他孩子一样， 需要我们的爱。 此时， 爱就像细雨润物一样， 无声地润泽着这些孩子的心田， 有时， 甚至是从此改变了他们的人生轨迹。 这也就是"爱每一个孩子"。

教育需要爱， 爱更需要智慧。 当我们面对各个不同的孩子以及他们身上产生的不同问题时， 需要老师智慧的处理。 虽然比不上孙子兵法的三十六计， 但是每一位孩子身上的变化， 都包含了智慧的老师巧妙的"计谋"。 我们实践"教育就是播种爱" 的教育理念， 要运用智慧在教育的过程中揭示爱的真理。 下面让我们请出， 卜升华、 袁朝川老师， 一起来分享他们的爱的智慧。

爱的智慧和智慧的爱， 都源于我们老师会爱每一个孩子。 我们首先来听听卜升华老师的故事。

在如今这个网络时代， 电脑游戏成为中学生业余时间主要的娱乐休闲方式。 它是个双刃剑， 把握得好， 它可以放松精神、 调节情绪； 如果过度了， 不仅影响学习还损害身体健康。 初中生自制力比较差， 因为电脑游戏家长与孩子的沟通少了， 更重要的是影响到了学习和身体健康。 卜升华老师班上就有这样的孩子……

卜升华老师： 我们班有两个男生，就是照片上的这两个孩子，初一上学期的时候学习还算努力，成绩在班里中等偏上。但是自从他们两个成为朋友后，一切都发生了变化，他俩有共同的爱好，那就是很喜欢玩电脑游戏。一回家就把书包一丢，门一关两个人就联网玩电脑游戏，作业不做，跟家长的沟通也少了。各科老师都来投诉，作业应付了事，上课无精打采，批评教育也不起作用，班会上跟他们做思想工作，收效也不大，学习受到了严重影响，家长更是管不了。

在一个偶然的机会，我在他们的QQ空间里看到他们写的文章："你们（老师、家长）不玩游戏怎么知道不会对我们的身心健康有好处，学习压力大的时候，我觉得玩游戏可以让我很好地调整状态……"言语之中充满了对老师、家长对他们玩电游的反感。其实，对于我来说，他们的观点我不排斥，他们说的很有道理，我能理解当一个没有玩过游戏的人教育他们说游戏不好的时候，他们肯定表面接受，内心并不接受。因为我也曾经是一个狂热的电脑游戏迷，这时的他们就像是看到年少时的我。

但是看着为他们沉迷电脑游戏而眉头紧锁的家长，看着让这两个本来各方面都不错的孩子因为对电脑游戏的痴迷，影响了学习成绩、与父母的关系，我在想怎么来控制他们对电脑游戏的痴迷，让他们把主要精力放在学习上，简单的口头说教他们听得太多，在他们心里已经不起任何化学反应了，于是我想到"以毒攻毒、以暴制暴"的手段也许还能有效果。所以我中学时代特长在帮学生控制玩游戏的欲望上起到了积极和决定性的作用。

主持人： 在此之前，他们知道你会打电脑游戏吗？

卜升华老师： 他们不知道。

主持人： 卜老师给人的印象是文质彬彬、温文尔雅，确实不像一个电脑游戏高手。

卜升华老师： 对于玩游戏的人要想他听你的，让他服你，最起码必须比他的游戏水平高才好使。所以我就邀请他俩到我家去打电脑游戏，本以为他们会拒绝，但没有想到他俩居然很乐意。我先看他们相互打，我觉得我的水平肯定在他们之上，于是我对他们说："我们现在分别单挑，如果你们赢不了我，你们就要俯首称臣，要无条件地按照对方的要求做一件事。"他们不知道我葫芦里卖的什么药？俩人相互对视了一下，然后爽快地答应了。我想他们肯定认为老师的水平比他们要差一大截，其实心里一阵偷笑，害怕他们不应战。从他们如此爽快地答应下来，我知道他们明显高估了自己的实力。接下来近两个小时的时间里，我让他俩轮流跟我交手，兴致很高，结果他们一次也没赢过我。

主持人： 他们是不是很不服气呀，他们可能都没有想过会输给你。

卜升华老师： 是的。虽然两个人输了还不服气，但都连连称赞我厉害，佩服得不行。我觉得这个时机成熟了，跟他们聊起了我的高中和大学生活，告诉他们我也曾痴迷过电脑游戏，甚至像他们一样，因为玩电脑游戏影响到了我的学习，在高三那一年班主任对我的一番话让我彻底醒悟，好在我的成绩还不至于拉得很远，让我很快跟上了队伍，不至于名落孙山。特别聊到上大学时，我给他们描绘出大学生活的美好，听到这些他们羡慕极了！

毕竟是孩子，很容易哄，两个人听得津津有味，时不时还投来崇拜的眼光。我把我对如何把学习和游戏的时间合理分配的做法讲给他们听，我从来不打网络游戏，那种游戏是永远打不完的，只打单机版的即时游戏，像他们玩的 NBA，十几二十分钟就见分晓，如果能控制得好，在压力大的时候真的可以很好地缓解压力。当然他们无条件地接受了我的要求：每周玩电脑游戏不能超过两小时。

那天晚上，他俩回家后，我就收到了家长发来的短信："卜老师，非常感谢您陪孩子打游戏！"弄得我一头雾水，我还感觉挺不好意思的。

后来他们家长告诉我，孩子回到家的当天晚上就没有打游戏了，破天荒地学了两个多小时，家长还吓了一跳。第二天还写了个协议给家长签，说是一周只玩两个小时的电脑，游戏太浪费生命，他要好好学习上大学。当然，从那天起我和他们两个也成了无话不谈的好朋友，他们的生活习惯和学习成绩都有很大的改观。就在初二下学期，两个人都在年级里进步了有一百多个名次，家长说她都成朋友眼中的成功人士了，不断有朋友问她是怎么教育孩子的。

主持人： 现在他们已经进入初三的冲刺阶段了，他们现在的状态怎么样？

卜升华老师： 状态很好，学习很努力，并且效果也不错。

主持人： 小卜老师，就在前几天我们找到李文奇和弘兴培，有他们想对你说的一段话，我们一起来看一下 VCR……（播放李文奇和弘兴培的录像）

主持人："一个好的老师有时候能够改变一个孩子的一生"，在李文琪、弘兴培他们成长的十字路口，卜升华老师就以爱的智慧及时给予他们引领。 我们在这里也祝福他们俩在即将到来的中考中考出理想的成绩。

爱孩子容易， 但会爱孩子并不是一件容易的事情， 因为面对不同的个体， 你爱的方式也会不一样， 这需要我们老师具备爱的智慧， 而后智慧地去爱学生。

就在 2010 年的毕业典礼上， 袁朝川老师收到了这样一张特殊的贺卡。 在左下角一个叫小茹的女孩给袁老师写了这样一句话： 袁老师， 谢谢你的宽容， 你让我的人生道路多了一份自信， 我永远也不会忘记……这看似平淡的一句话， 却包含着她对袁朝川老师的感激之情。 故事是从一本作业开始的。

袁朝川老师： 就在我上届孩子初二的时候，某天下午我的办公桌上放着一本很"特殊"的作业本，里面有几页作业有很明显的粘贴痕迹，而且笔迹也和这个学生的字迹完全不符，这完全是"嫁接"的作业，平时班里没有发生过这样的事情，最严重的一次也就一个男生涂改了别人试卷的名字，还被我好好地"收拾"了一通，狠狠地批评了一顿。这比抄袭的后果更严重。这次作业本的主人是一个文文静静的女孩，尽管学习成绩也不差，平时上课做作业都挺认真的，老师同学们都很喜欢她，还是我们班的班干部。只不过，这个女孩子性格比较内向，在班上的话不是很多，她也不像其他女孩子，有经常黏在一起的伙伴，更多时候只见她一个人静静地坐在班上，倾听别人谈话。

我实在是想不到，她会做出这样的事情来。我当时就有一股冲动，准备当面质问她这个作业本的事情。

还容不得我细细思考，班上一个女孩子急匆匆地跑到我的办公室，非常着急地对我说："老师，我今天早上放在桌子上的作业不见了，怎么都找不到！"听她这样一说，我就清楚了"嫁接"作业本的源头，我先稳住她，说："没关系，老师知道了，你先回去吧。"

下一节就是我的数学课，我必须在这课间的十分钟做出处理这件事情的决定和态度。我该怎么办呢？我很谨慎、犹豫，也很纠结。但是我很肯定的是，以我对她的了解上述两种办法对于廖洁茹这种敏感、懂事的女生来说，都是极不合适的，那样处理的结果只会让她消沉，让她在

同学、朋友面前抬不起头来。而这也是我不愿意看到的。

著名的教育家叶圣陶老先生曾说过："教训对于儿童，冷酷而疏远；感情对于儿童，却有共鸣似的作用。所以谆谆告语不如使之自化。"就是这句话提醒了我，当时不知道怎么就想到了这句话。也许对于廖洁茹这种敏感、懂事的女孩子，"告语不如使之自化"更合适。我决定先把这件事的责任往我自己身上揽。

上课时，我如往常一样不紧不慢地先说了班上作业完成的整体情况，并告诉作业丢失的同学，她的作业已经找到，只不过被老师不小心撕掉了，现在已经帮她粘上了。

主持人： 那当时小茹是什么表情，是不是特别尴尬？

袁朝川老师： 当时，我看见她低着头，脸色不太好，很着急，很害怕的样子。也许她在等待着我看似平静的语气背后狂风暴雨般的问责。但是我什么都没有说，甚至都没有将目光特意停留在她身上，不想给她造成心理负担。

主持人： 那你课后单独去找她聊过这件事情吗？

袁朝川老师： 没有。

第二天一早，我一到办公室就发现桌子上有一本作业，是她的，是她昨晚重新做好，今天一早赶来交的，作业本一笔一画透出她的认真和努力改正错误的决心。

现在她已经顺利升入一公办高中，在新的学校开始了她新的人生。如果当初我没有谨慎处理这件事，而是对她大讲特讲，严厉批评，让全班同学都知道这件事情，我想那一定是她学生时代最灰色的记忆。

主持人： 袁老师，是不是到目前为止你都还不知道小茹当时这么做的原因？

袁朝川老师： 其实，到今天我还不清楚为什么她前一天会不完成作业，也不知道她为什么会想到把别人的作业"嫁接"到自己作业本上，我和她也没有就这个问题深入地详谈。整个事件中，我没有严厉地批评她，也没有将她留在办公室"教育"她，但是我相信她能感受到老师的用心，能够体会到对自尊心的保护。也就是源于我对学生的爱，让她知道自己错了，并及时改正了。

主持人： 我想从小茹第二天把重新写好的那份作业交给老师的举动已经证明她已经知错了。只要能达到教育学生诚信做人、知错能改，何必一定要纠结于事情的真相。

在平日的教育教学过程中肯定还会遇到类似的事情，一般都会当场批评、责问，写检查、写保证，或者一定要把当时做这件事情的动机深挖出来。其实还有一种就是像袁老师这样"告语不如使之自化"来得更加"润物无声"。我想小茹会永远记住袁老师的这一次宽容和对她自尊的保护，并且会影响到她今后为人处世的态度。所以，教育孩子不一定就是简单机械的训斥、责问，而是留给孩子改正错误的时间和机会。也感谢袁老师用智慧的爱温暖着我们在座的所有人。

（三） 反思让我们更懂得爱

主持人： 在我们学校一大批优秀的教师队伍中，有这样一位丰富的教育教学经验的老教师，在她教过的3届学生中，已经走出了3位清华大学、4位北京大学的学生，还有很多考入世界各大名牌大学的学生。她是谁呢？让我们掌声请出朱家玮老师。

朱家玮老师是2001年麒麟中学成立时，李校长、苏校长招聘的我校第一位老师，是麒麟中学十年的元老之一。朱老师是一位有着丰富教学经验和班主任经验的老教师，学生们都很喜欢她，并亲切地称她为"朱妈"。就是这样一位有着辉煌教学业绩的老教师，今天要在这里向大家讲述她对自己这十年来教育教学工作的反思，她的反思是由教师节那天，她所教的学生毕业以后，发给她的一条手机短信引发的。我们来看这条短信写了什么？请看大屏幕……

朱妈……猜猜我是谁？今天好几次拿出手机要给朱妈您发短信的……可每次我都是发到一半就把手机收起来了……觉得我有太多想说的了……朱妈……其实……我曾经恨过您……非常非常恨……您把我叫到全班同学面前一顿臭骂……您把我的作业本撕掉……您让我颜面

扫地……您在我父母面前说我的不是……您说： 考没考上好的高中到时候差距就会显示出来， 会有距离感……果真我没考上……来了"中加"， 因为你的这句话我都不敢回学校看老师、 同学……

朱老师， 这条短信你是什么时候收到的呢？

朱家玮老师： 那是 2008 年的教师节晚上，当时已经接近凌晨，这条短信用了我手机短信的整整 8 个单位，简直就是一封书信。一屏屏地读下去，我一下子睡意全无。在这些表面上的溢美之词中，我曾经的言行被他如数家珍般地列举，可以说是字字如钢针，刺得我眼睛疼，也像重锤一样，将我教师节整整一天的陶醉感砸得粉碎，那天晚上我失眠了，突然意识到，做了这么多年的教育和教学工作，其实有诸多的失误与差错是被自己给忽视了的。刘蒙蒙的短信应该说提醒了我，逼迫我开始重新审视和反思自己在教育教学上的行为。

主持人： 我们看到短信里刘蒙蒙提到他曾经恨过您， 而且是非常非常的恨， 他是不是曾经对你有很深的误会呀？

朱家玮老师： 是的，以前我也没有意识到，2008 年教师节的那个深夜，通过跟刘蒙蒙的一段拉锯式的短信沟通，我才知道，他一直以为他爸妈老是知道他在学校的状况是我通风报的信……因此他一直对我有着很深的防范心理。

主持人： 那刘蒙蒙当时在你们班同学和老师的眼中， 到底是一个什么样的人呢？

朱家玮老师： 刘蒙蒙在我当时所带的九班，算得上是个鼎鼎大名的人物。自初一以来，一直是各科老师们最头疼的学生之一。比方说，他上课总爱迟到，即使是踏着上课铃声进了校园，他也是先去厕所换了衣服才进教室（因为他很胖，爱出汗，所以每次到学校第一件事就是换衣服）。因为这个原因，他晚进教室永远都有合理的托词。不仅如此，他上课还常爱捣乱，话特别多，影响课堂纪律。如果上课时他是安静状态，那一定就是在下面玩东西了。

主持人： 在短信中还提到： 您把我的作业本撕掉……您让我颜面扫地。 真的发生过这样的事情吗？

朱家玮老师： 这是我们之间最激烈的一次斗争，是为他不写作业的事。因为他常常交空白的作业本，我在多次找他谈话无果后，有一天我把他叫到讲台上，让他跟全班同学解释不交作业的理由，他一脸不屑说了两个字"不会"，然后便眼睛望向楼顶任凭我数落，我一气之下当着全班同学的面，撕掉了他的作业本，义正词严地警告他，这种行为是不诚信的表现，并责令他写500字的检讨。不料他却倔强地一口反问我：班上这么多人抄作业，你为什么不管，偏偏只批评我？还情绪激动地陈述了他的"疑问"与理论：我不写作业，是因为我不会，正说明了我诚信；那些抄作业的人才是真正的不讲诚信，为什么他们不受批评？我被他说得无言以对。

主持人： 那当时的情形一定非常尴尬了，最后这件事情你又是如何收场的呢？

朱家玮老师： 确实，这还只是事情的开始。因为第二天，刘蒙蒙就交给我一纸"状书"，在这份长达三页的揭发信中，刘蒙蒙一一列举了班上抄作业的同学的名字，同时又反复强调自己的诚信，因为只有他是不会写就不写，而不是去复制他人的作业以应付了事的。伴随着这封信一起被交上来的，还有一卷MP3录音，内容大致是，刘蒙蒙用友好而轻快的语气问班上的同学：嗨，XXX，你在抄作业啊？这是他收集到的，能证明别人不诚信，而能洗刷他自己"清白"的"证据"。

我很气愤，也很难过，同时强烈地意识到了事态的严重性。苦口婆心的劝说、气急败坏的训斥都已经无济于事，我感到前所未有的茫然与无助。

放学时间到了，刘蒙蒙事件我依然没有理出清晰的处理决定，昏昏然走进教室，各科科代表们正在电脑"贴吧"上布置作业，见到"贴吧"，我突然来了灵感，抄作业现象不是很普遍吗，我把这个难题交给大家，启动集体的智慧和力量，给刘蒙蒙动一次"大手术"，同时让那些抄作业的同学也来个自我反思，看看情况怎么样。

于是，我在班上公布了事情的起因，并建议同学们去班级"贴吧"上，设专题讨论。于是，一场激烈的口舌之战在全班同学中展开了……

当天晚上，"百度贴吧"上新建了一个专栏叫"响应朱妈……"，刚开始同学们的语言都很含蓄，而且基本上都是匿名，显然同学们都在顾及彼此的情面。第二天上学，蒙蒙的表情是兴高采烈的，和平常一样不守纪律，而且态度更加恶劣。

主持人： 是的，我在"百度贴吧"上搜索到了响应朱妈的这个帖子，整整12页，留下了三百多篇回帖，我觉得其中有一条特别有意思，说明你们班同学还是很友好、大度，班级的氛围非常好！

事情已经过去将近5年了，当时你们班的正、副班长蒋格格和林荣静现在分别就读于北京大学和清华大学，他们对这件事情还记忆犹新，我们来听听他们是怎么说的。（播放录音）

朱家玮老师： 当时的我确实内心充盈着自信与坦荡，那场辩论结束后，我曾经在班会课上，平静地给同学们谈过我读贴吧的体会，我非常真诚地感谢全班同学帮我解决了这样一个令我棘手的大难题，在一片肃穆中，刘蒙蒙默默地走到讲台上，面对全体同学深深地鞠了一躬。面对他深刻的歉意，同学们也回应他以热烈的掌声，那天班会的气氛真的特别好。我也感觉特别欣慰，我想我做的这一切的一切，哪怕他现在还不能完全理解，但总有一天他是会明白的。所以我无需多言！可是，那条短信，使我深深地感到一种失落感，它不是我预期的那一种结果。

这件事让我真切地感受到了我们学校的教育理念："爱每一个孩子，会爱每一个孩子，让每一个孩子感受到爱"，多么深刻、精辟！作为老师，我们都知道应该用自己的身心和温情去爱每个孩子，特别是那些调皮的孩子。让每一个孩子感受到爱。另外，在传统教育中，我们认为经常与家长沟通是我们的本职工作，其实它违背了"教育首先是一种保护"的理念。刘蒙蒙事件提醒我，在教育孩子的问题上我们首先应该想到的是保护，而不是投诉。我想，就刘蒙蒙而言，我并不是没有做到给他关爱，但我给予的这些或许并不具体，至少没有让他刻骨铭心。也就是说，没有让他"感受到爱"！

当然我不是苛刻地要求做老师的必须将每一句话都说得在情在理，但在对待某一些孩子时，我们不仅应对他们"嘴下留情"，也应在"心里留情"。不仅如此，在教育的过程中，因为我与孩子沟通的方法不到位，以至于孩子对老师产生"恨"就不足为怪了。

主持人： 其实朱妈你不用太纠结于刘蒙蒙曾经对你的恨，经过几年之后，他最终还是对你充满了感激。因为他理解了那时候你对他的良苦用心。

现在的刘蒙蒙已经在加拿大求学，就在去年，他又给朱老师发来短信。

朱妈……你是我遇到的最用心、最好的老师……朱妈……我真的……我爱你！……你一定要注意身体！一定一定！我要你看到我爱人……要我儿子认你当干妈！

朱家玮老师： 2010年7月17日，是个周末，早上醒来，看见刘蒙蒙凌晨一点半左右发给我一条短信，当时看了吓我一跳，以为他出了什么事情。后来他说："没……昨晚睡不着爬起来看电视……正好看到鲁豫有约在访谈一个得了不治之症的老师……教的学生之前也不知道对老师表达自己的感情……我看了一触动就发了……呵呵呵呵！朱妈你一定要保护好身体啊！"

主持人： 朱老师，当你看到这样的短信的时候，你心中一定是无比的幸福和感动的。

朱家玮老师： 是的，我一颗悬着的心终于放下了，同时感觉无限欣慰，为孩子最终的理解和真心的亲近。

主持人： 朱妈，就在昨天，刘蒙蒙给我传来了他在加拿大自己录的一段视频。本来我想视频时间太长我会剪掉一部分，但是传给我一共5分钟的视频我看了以后下不去手，因为真的让我很感动！我们一起来看这段 VCR……（播放刘蒙蒙视频）

朱家玮老师： 这是一个真实完美，几乎有着大团圆结局的故事，它让我们更加懂得让每一个孩子感受到爱是多么重要。但它实在是真真实实地冲击了我对教育的理解和认识。马卡连柯说过：没有爱就没有教育。刘蒙蒙的短信启发我，仅仅有爱也不是完美的教育，我们更重要的是要学习爱的艺术，掌握爱的技巧和方法，真正把教育做成一种心心相印的活动。

主持人： 就朱妈自己而言，她觉得自己对蒙蒙付出那么多爱，却没有得到孩子的理解，这也正是朱老师为之纠结和困惑的地方。

听完这个故事我也在思考，不管是老师还是家长，我们都可以拍着自己的胸口说，我爱孩子，会爱孩子，但是我们的孩子是否能够感受到你的爱，我们不得而知?

其实朱老师的爱和刚才袁老师的爱有着截然不同的做法和效果。简单地说，一个爱是隐，一个爱是显。袁老师的做法是隐，是润物无声，孩子当时就能感受到老师的包容和保护；而朱妈的做法却恰恰是显，撕掉他的作业本、写检查、让全班同学共同讨论，而孩子开始是恨、不理解但最终经过时间的沉淀，他感悟到老师的良苦用心。仔细想想，我们不能说袁老师的就对，朱老师的就不妥，但是这也确实给我们在座的每一位老师、家长还有同学们提出了一个严肃的话题——就是让孩子当下感受到爱呢，还是让他将来长大后感悟到爱？而孩子们也要思考，应该怎样理解和接受老师和家长的爱？

主持人：感谢刚才几位朋友的发言。其实我想，这个问题并没有唯一的答案，因为我们都曾经在爱孩子的过程中既有隐，也有显。但什么时候该隐，什么时候该显？还需要我们在以后的教育教学中不断去思考和探索。

再次掌声感谢朱家玮老师给我们带来爱的反思，她也让我们更加懂得爱学生不仅是心与心的交流，更是心与心的保护。

（四）感恩与祝福

主持人：2001—2011的十年，是我们与南山实验麒麟中学共同走过的十年。十年来，行走在教育之路上的我们一路播撒爱，也收获着爱。让我们一起来看看我校毕业的同学在今天带来了他们的问候。（播放毕业生祝福视频）

今天，我们请到几位毕业生同学代表到讲述会现场，让我们掌声有请他们。

这几位孩子都是从我们麒麟中学毕业的，现在读高一、高二，本来还有一位高三的同学赵依稀，但她今天正好要启程去美国，很遗憾不能参加活动。他们几位都是专程赶来参加我们讲述会的，非常感谢他们。先来自我介绍一下，好吗?

许冬琰同学: 大家下午好，我是06级三班毕业的学生，我叫许冬琰。我现在在深圳实验高中就读，担任环保社社长和纪检部部长，和很多南山实验升到高中的同学们一样，我们在那里很受老师和同学的认可。这在很大程度上都归功于学校对我们的影响和老师对我们的培养。就像刚来到学校，很多同学说的一样，老师给我们的温暖是在高中感受不到的。我想感谢我初中班主任王玉佳老师，她以一个近乎母亲的关爱，带领全班取得了非常优异的中考成绩。还有姚慧玲老师，我们总是说有姚老师在的地方，就有最棒的数学成绩。还有张老师，他打开了我们的视野，让我们与优秀的学生竞争。有很多老师，我们都非常感谢和想念你们，最后感谢程部长给我机会，也感谢你对我的认可和培养。最后我想代表所有三班的同学，对母校说一声:我爱南实，谢谢!

黄若萱同学: 大家好，我是07级三班的黄若萱，现在就读于深圳实验学校高中部，很高兴也真的非常荣幸能在麒麟中学建校十年这个日子，回到母校献上自己的一份祝福。从12岁忐忑不安地第一次走进初中部的校园到15岁满怀自信开始高中生活，南山实验给我留下的不仅仅是一场中考，收获更多的是成长，学会面对，学会感恩，在此也要借这个机会特别感谢我们班主任袁朝川老师和其他科任老师。在初中三年生活里，给我关怀，尤其是中考这段时间里，不仅是在学习上给我帮助，更多的是给我心理上的支持。从南山实验走过的毕业生无论走到哪里都是一股强大的力量，每一个实验学子都可以自豪地说我是南山人。感谢南山实验，谢谢!

邹江南同学: 大家好，我是南山实验学校07级三班的邹江南。现在就读于深圳中学高中部，在南山实验学校学习的9年里，老师每一个期盼的眼神，每一个豁达的微笑，都给予我学习生涯里无穷的动力，在这里我要衷心感谢这9年来陪我一路走过的每一个老师，尤其是我们初中的班主任杨老师，还有我们的语文老师，他们在扩展我知识面的同时，也在着重培养我的社会实践能力。南山实验学校是一个大舞台，我希望每一个南山学子都能够在这个舞台上，以最优秀的才能，表现出自己最好的一面，同时教育就是播种爱，南山实验学校播种的那一颗种子，我相信一定在不久的将来里，长成一棵参天大树。谢谢大家！

何欢同学： 大家好，我是何欢。班主任张建伟老师，还有当时所有的任课老师的名字都时刻印在我心里，我不会忘记在初三里，每一位老师都陪伴着我们一直到 7 点，自习，晚修，我也不会忘记很多老师在生病之时，甚至怀孕之时仍然为我们代课，我还要感谢南山实验给我发展的平台，展示自我的舞台。参加演讲比赛，参加十佳中学生竞选，参加合唱队，为合唱队进行钢琴伴奏，这些都是提升自我、展示自我风采的表现。总之一句话，感谢南山实验给予我的教育与培养，并且祝愿学校的明天更加美好，谢谢。

李卓恒同学： 大家好，我是李卓恒。现在在深圳高级中学读书，他们介绍过，但是我还想感谢很多很多老师，其中有张老师、陈老师、黄老师，还有曹老师，是他们在我的背后，在这三年来一直支持我，不断挖掘我的潜能，到今天为止，我仍然深深地感受到他们的爱，在我高中的生活中给我的影响。麒麟中学从 2001 年到如今 2011 年，这段辉煌，不仅仅是我们各位老师、各位同学们的努力，还有我们李校长。在这里，我想祝福李校长万事如意、身体健康、青春永驻、家庭美满，我祝李校长享受幸福、享受人生。今年也是母校建校十周年，我们 5 位仅代表所有毕业的学子献上最真挚的祝福，祝母校更上一层楼，桃李满天下。

主持人： 谢谢这 5 位孩子，其实高中的学习压力和学习强度比初中还要大，还感谢 5 位在百忙之中能够抽出时间来参加讲述会。同时看到他们青春靓丽，阳光帅气，真的是让我非常感慨。在初中阶段的时候，这几位同学都是学生会的，在这里我代表学校的老师祝福你们在今后的学习和工作生活中能够越走越顺，越走越高。再一次掌声谢谢你们，谢谢，谢谢！

是的，教师只要有一颗爱心，再特殊，再棘手的孩子也能被感化，再小的教育契机也能绽放智慧的光芒，再多次的重复也不会延迟我们反思、进步的脚步。相信爱，我们相信一定会做到爱每一个孩子，会爱每一个孩子，让每一个孩子都感受到爱。在过去的十年中，我相信我们麒麟中学所有的老师都是在用生命去谱写教育之歌，而我们从未彷徨、从未迟疑，只因为我们相信爱。下面我们要用最热爱的掌声，有请李校长为我们讲话。

李先启校长： 尊敬的各位家长、各位老师、各位来宾，刚才我们聆听了两个多小时爱的故事，虽然时间很长，但是我们还是感觉时间过得很快，因为我们感到非常温暖，非常感动，老师们诠释了我们学校"教育就是播种爱"这个核心的教育理念。

一个学校最重要的东西是什么？我记得有个故事，说美国的可口可乐公司，他们的高层管理人员如要出差的话不能够坐同一班飞机，一定分为两拨，以免飞机失事，公司失去所有的核心力量，即便剩下核心团队的一半他们也会重新起死回生。

南山实验学校最重要的是什么？就是南山实验学校的学校文化。学校文化最核心的是什么？就是学校的教育理念，就是我们所有的老师职工共同建立起来的核心价值观——教育就是播种爱。管理有很多方法，很多制度和条款，很多原则，我们今天没有去讲这些，而是集中一个字——"爱"。因为我认为所有的方法，所有的原则和条款，都不如一个字，那就是对学生的"爱"。

我们提出爱每一个孩子，会爱每一个孩子，让每一个孩子都感受到爱。可以说每一个搞教育的人都知道要热爱学生，但是会不会爱学生，这是一门艺术。会爱，这是非常关键的。夫妻之间，朋友之间，长辈和儿女之间，懂不懂爱的艺术，这是非常深奥的问题。今天，我们麒麟中学部的老师，用他们的教学行为解读了他们怎么去实现"会爱"。"会爱"检验的标准是什么？让学生感受到爱。即便是亲生的父母对自己的孩子，站在家长的角度认为是对孩子负责的"爱"的行为，如果孩子没有感受到爱，那么你的爱是无效的。所以我们要研究"会爱"这个问题。学生在学校的主要目的是学习，学习人类积累起来的科学文化知识，养成良好的道德品质。但是学习的动力来自哪里？我发现当一个学生喜欢一个老师的时候，他就喜欢他所教的科目，他这个科目就会学好。反之，一个学生讨厌一个老师，他这个科目很难学好。即使到了初中，孩子们年龄增长了，身体长高了，他们可能懂事了，事实上他们在这个阶段更需要家长和老师理解他们，尊重他们，更加艺术地爱他们。

　　刚才视频里的冯子宁同学，他现在在北京大学的物理系学习。学物理是很理性的，他回忆初中阶段最温馨的画面是什么？他在老师抽屉里面"偷"零食吃，与老师"抢"零食。而不是回忆起哪一节课认真听讲的情景，或者哪一次认真完成作业，所以说爱才是教育的根本。

　　在南山实验学校，我们看到有的学生非常优秀，能考上优秀大学，但是还有一定数量的特殊学生，他们无论怎样努力也上不了大学。但他们有权利受教育，有权利快乐，有权利幸福。感谢我们的老师，在初中 3 年的学习活动中，给予他们快乐和幸福。

　　我们刚刚看到参加国际精英挑战赛的 3 位同学，获得这个奖项很不容易。参加这个比赛所有的题目都用英语交流，要求他们的英语交流能力要很强，另外需要他们具备多方面的才艺、团队协作等等，但是更重要的是要求他们有没有领袖气质与他人合作的能力，这是国外教育非常重视的。

　　我们在曹老师的故事里，看到了培养一个孩子的领袖气质。我发现中国和美国都有共同的标准，比方说愿不愿意为别人牺牲，愿不愿意奉献。另外两位男老师特别有趣，他们解决学生中存在的一些问题，都给我们很好的启示。

　　后面几位老师讲述的很可能是当今世界教育都感到很头疼的问题，比如电脑游戏问题。玩游戏可能是中学教育的"世界难题"，孩子的家长都在纠结玩游戏的问题。游戏可以玩，但要有节制。男孩子到了初二或者初三的时候还沉迷于游戏，无心学习，中考上不去，求学的道路就会变得极其坎坷。男孩子如果不玩电脑游戏就很难在男孩子的世界里得到尊重。玩游戏，但是不沉迷。我想，家长和老师最希望的状态就是这样。卜老师很好地解决了这个"世界难题"。

　　我小时候也是个调皮的孩子，我最讨厌一犯错误就让你写检讨的老师，而且要求至少 500 字。四十多年过去了，非常惊讶的是老师要求写检讨还是至少 500 字，而且要"认识深刻"。朱妈的故事很有意思，向我们提出了一个问题，在小学和初中阶段，我们是让学生以苦和累换取将来的幸福，还是让学生当前就感受到幸福？朱妈是一个优秀的教师，也是一个严格要求学生的老师。但是她在反思自己几年前那样严格地要求是否恰当，我非常赞赏她的勇气。美国出了一个"虎妈"，虎妈的教育就是典型的中国家庭教育文化的体现。但是我觉得这个中国的"猪妈"比美国的"虎妈"更好，因为她在反思。

我们感谢麒麟中学所有的老师，我相信，虽然只有6位老师讲述，我想我们每个麒麟中学的老师都能讲出很好的爱学生的故事。感谢6位讲述爱的故事的老师，也感谢参与本次活动的同学，大家辛苦了！

主持人： 我们再次用热烈的掌声感谢李校长的精彩发言，同时也给我们老师提出了更高的期望。

其实我们在座的每一位都有这样的感受，是因为李校长，是因为有了南山实验学校我们才有缘在一起工作、生活。也是因为李校长，是因为有了南山实验学校，同学们才会与我们的老师共同走过这辉煌的十年。和在座的大家一样，回顾我自己在南山实验走过的这十几年，我成长路上的每一步，都饱含了李校长对我的殷切期待和关爱。所以在这里我要代表全体老师真诚地感谢李校长，感谢你让我们从祖国的天南地北相聚在今天的这个舞台上，衷心祝福李校长身体健康、生活幸福！（握手、拥抱）

我们相信，爱是老师永恒不变的期待；我们相信爱，更是孩子灿烂美好的未来。今天的麒麟中学相信爱讲述会到这里结束，谢谢所有老师、家长朋友的倾听。

爱·激扬生命
——麒麟小学部"爱的述说"讲述会

时间：2011年5月27日下午

地点：深圳保利剧院

参加人员：特邀嘉宾、全体师生及家长（两千余人）

主持人：王剑宜

（播放梅子涵老师视频）

主持人：尊敬的李校长、各位嘉宾，亲爱的家长朋友们，大家下午好！正像梅老师说的那样，爱是需要讲出来的。李校长代表南山实验学校，在全国进行讲述，是为了把爱讲出来。今天我们在这里召开讲述会，也是为了把心中的爱讲出来。今天的讲述，让我们先从古希腊的一个神话人物开始讲起。画面上的这位男子是古希腊萨普鲁斯的一位王子名叫皮格马利翁，他十分喜爱雕塑。一天，他成功地塑造了一个美女的形象，爱不释手，每天用深情的目光欣赏她，用美丽的语言赞美她，终于，他的虔诚感动了上天。有一天，美女竟然活了，成为了他的妻子。这幅画是李校长在法国卢浮宫拍下来，送给全校每位老师的，我们每位老师也都熟悉这个故事。李校长常借这个故事告诉我们，爱是一门艺术，会爱非常重要。今天我们要听的第一个故事，就是关于皮格马利翁效应的真实版的故事，让我们掌声有请刘子艳老师。

（一） 爱的艺术

刘子艳老师： 我以前是一个非常不自信的人，这和我童年时的经历有关系。上小学后，第一次写拼音，我把四线三格上上下下全都写满，获得评语：笨！三年级时，第一次做手工，不知从何下手。老师看了我的作品，说：真不该给你！

这两句话真的命中了我！读书阶段我成绩不差，工作阶段我很用心，但我都很沉默。不是因为做人要低调，而是自卑。因为我真的不再自信，这种心态直接影响我的进步。

主持人： 那老师当时这么说，太伤你的心了！看样子童年时老师不经意的一句伤害会影响孩子终身的。

刘子艳老师： 那是在我参加工作的第二年，国庆节前。区里组织各校征文，挑选作品举办庆国庆诗歌朗诵会。记得我从孩子的视角，写了一首诗歌《伟大的祖国 小小的我》，这首诗歌入选了。校领导很开心，让我好好准备，说各校校长、学区领导都会出席朗诵会。

这可难倒了我，朗诵比讲课难得多。需要演员般的表现力，才能产生现场感染力，这点我可办不到。况且还有那么多领导、老师在看，再想想偌大的场地中间就我一个人表演，我就觉得两腿发软，我可不敢去。

我壮着胆子找到校长，说明我的顾虑。校长鼓励我去锻炼锻炼，见见世面。我那时年纪轻，不理解校长的好心。一门心思就想推掉任务，见领导不答应，我急了："校长啊，人们都吃鸡蛋，但有必要认识生鸡蛋的母鸡吗？"领导无可奈何地说："你这孩子……"

同事们知道后都说我不懂事，还错过了一个好机会。可是，我也不知道自己怎样才能迈过这个坎儿。

主持人： 刘老师，那还真挺遗憾的，那我可以想象 2007 年，当你来到我们学校的时候，用现在最时髦的词，你一定怀着特别忐忑的心情吧！

刘子艳老师： 是啊。南山实验是全国闻名的名校。同事们的担忧和羡慕都写在脸上。我想只要我用心学，努力干，一定能适应新环境。

可是默默的我，能获得同事、领导的认可吗？渐渐地，领导看到了我的付出，同事肯定了我的努力。我融入到集体当中，找到了归宿感。可我还是默默的。

一天，部领导找我："刘老师，你带领学生探究实践，积累了很多材料。整理一下手边的案例，参加综合实践的比赛吧，锻炼锻炼！"我懂，这是领导在给我机会。可是我年龄这么大，又从来没有表现欲。我不想去，更担心自己做不好。两位领导肯定地说："你能行！试试看，不要有压力，需要帮忙，尽管来找我们！"

回到办公室，同事们听说后，有的给我提建议，有的发来参考资料，大家的热情点燃了我的自信，那就试试看！

初稿后，领导们不待我开口，就组织我部有经验的老师"会诊"，大家一起帮我理思路。整理出二稿后，领导们又叫来各位老师，这一回，大家又帮我锤炼语言。

待我整理出终稿给大家试说课，谁知平时在学生面前滔滔不绝的我，到了正式场合还是放不开。说课的效果不好，可这表达可是说课的关键因素。怎么办？大家劝我不要急，让我一遍遍看着他们说。大家耐心地指导手势、语调、语速、表情，就连鼠标的移动路线，都细心地指出。在这个过程中，他们一直像鼓励小学生一样鼓励我。

比赛那天，出发前，细心的张部长拍着我的肩膀对我说："艳子，不要有压力。大家这样帮你，是为了增加你的信心。你就放松地讲，锻炼锻炼自己！"听了这话，我紧张的情绪得以缓解。那天，是张副部长陪我去。刚开始说课时，手紧张地发抖，点错了幻灯片的链接。我就情不自禁地看张副部长，他满面笑容，摆摆手，示意我没关系。我定定神，继续讲。那天，他为了安慰我，一直在笑，一直在点头。这使我发挥得越来越好，获得区一等奖。后来，我又参加了一次思想品德说课比赛，这次我不怕了，又得了一等奖。

主持人： 我想问个比较大的问题，但很有必要，你觉得这次成功，对你的人生有没有影响？

刘子艳老师： 就是这两次锻炼，使我在各方面都有提高，更重要的是我觉得自己也行。是你们付出的爱帮助我找回我自己。

工作中，我严格地审视自己的一言一行，就怕自己不小心打击到孩子的信心。失去自信很痛苦，重拾自信很漫长，我不想让我的学生们再次经历。小心呵护，看着他们自信的笑容，我很开心。

主持人： 刘老师说得好！在孩子眼中，老师、父母是权威，将来工作了领导是权威，很多时候权威们一个鼓励的眼神，一句问候，一个赞扬都会给人带来自信和力量。我们要感谢李校长给我们带来的"皮格马利翁"的故事。重要的是我们要学会爱的艺术，更重要的是我们要把故事所反应的正效应充分地应用到自己的教育教学当中去。让我们掌声感谢刘老师的精彩讲述！

（二）爱的梦想

主持人： 刘老师的故事让我们思考了如何爱才艺术，接下来，我们一起探讨一个比较深刻的话题，这个话题是我们敬仰的大科学家钱学森老先生提出来的（请看屏幕）。

钱老晚年不止一次向国务院总理温家宝谈起他的忧虑。他说，现在中国没有完全发展起来的一个重要原因是没有一所大学，能够按照培养科学技术发明创造人才的模式去办学，没有自己独特的创新的东西，老是冒不出杰出人才，这是很大的问题。我们在谈钱老之问"为什么中国培养不出创新型人才"的时候，很多质疑声都针对我们的高校教育。但今天，在这里，我们讨论这个问题，想从小学的故事开始讲起。让我们请上两位老师，张祖志副部长和闫玲老师，看看他们对钱老之问能回答些什么？掌声有请。

主持人： 张部长，能从我刚才提到的问题开始谈起吗？

张祖志老师： 这个话题太沉重，大师都回答不了，我更回答不了。不过我相信鲁迅说的一句话：1924年，鲁迅先生在北师大附中校友会上一次著名的演讲，"在要求天才的产生之前，应该先要求可以使天才生长的民众。如想有乔木，想看好花，一定要有好土；没有好土，便没有好花木了；所以土实在较花木还重要"。好的花木不会直接从我们手里绽放出去，但好的花土一定是从我们手里培育出来的。

我想和大家分享一个真实的教学故事……

2006年暑假，我给学生设计了一道暑假作业——养金鱼。通过这项实践活动培养孩子们的观察能力，学习如何写科学观察日记、科技论文以及体验热爱生命和尊重生命的感觉。活动进行到第三天，我就接到学生的电话，说金鱼死了，第四天又接到电话，又有一条金鱼死了，第五天还有人打电话给我说金鱼死了。我就开始着急了，假期还有四十多天，不知还会发生多少问题，这种热爱生命的体验代价实在太高。我开始重新考量这道作业的科学性。就在这个时候，有一个同学在Q群上发了一条这样的消息，他说死了的金鱼表面有棉絮状的东西产生，不知道怎么回事？他这一说，又有几个孩子跟帖，他们也有同样的发现。于是，他们做出了一个大胆的假设：是不是金鱼的死因与这些棉絮状的东西有关系呢？他们跑到书店买了一本某出版社出版的《饲养金鱼》，书中介绍，棉絮状的物体就是水霉菌丝，它一旦侵入鱼鳃，鱼就会缺氧窒息而死。

应该怎么去治疗水霉菌？书中介绍了很多方法，孩子们选择了一种操作直观的方法：在100公升的水里面加入1000毫克的孔雀石绿，浸泡两个小时，就可以达到治愈的效果。孩子们决定进行治疗实验。

到哪里找个装100公升水的桶呢？一开始大家就陷入了僵局。依靠集体智慧，孩子们决定用数学的方法来解决这个麻烦，降低比例，缩小10倍，在10公升水加入100毫克孔雀石绿。第一个问题解决了，第二个麻烦来了，这100毫克的孔雀石绿怎么称？实验的天平误差太大，是称不出来的。此时，孩子们束手无策了。

主持人： 那我在这儿打断一下，当孩子们束手无策的时候，他们一定特别焦虑，那作为老师你们有什么好办法吗？

张祖志老师： 这个试验和我们平时的实验不一样，结果是没有预设到的。我决定第二天带着孩子去药店里试试看，能不能找到精密的仪器称一下。就在这个晚上，有一个叫吴佳明的孩子打电话给我说："张老师，我有一个方法，不妨一试。"我很好奇。他说："实验室里不是有装100毫升的烧杯吗，实验室的天平不是也能称出1克也就是1000毫克的孔雀石绿吗。"我听出一点道道。"把这 1000 毫克的孔雀石绿,放进装 100 毫升的清水里面,充分的搅拌溶解,然后倒出 10 毫升来是多少?"我当时对孩子这样讲:"可能还没有一种更好的仪器能像你这样精密地测量出 100 毫克的孔雀石绿。"孩子们特别高兴。低估孩子的智慧比高估更可怕,不要低估孩子的潜能,相信孩子。

马上就开始进行试验,这边试验,那边马上就在网上把数据发布出去了。这个时候,因为还有几个同学的金鱼同样面临着这种麻烦,就跑到吴佳明家把剩下的孔雀石绿领回家做实验。大家很高兴,期待奇迹的发生。可是,半个小时过去了,有同学给我打电话说:"老师,有点儿不对!"再过一个小时,金鱼死了一条。还有一个同学也打电话给我:"老师,不对,我的金鱼被吴佳明给治死了!"这个时候,还有一个同学就更急了,他也不打电话,直接就跑到吴佳明家里,一推开门就跑到他的鱼缸旁边,看他的金鱼是怎么样的,是不是他在耍我们,一看他的金鱼也死了。本来这个同学是想埋怨一下,这哪是治鱼。在这个时刻,所有同学再也不埋怨了,直接聚焦关键问题,到底是什么原因,我们自己把自己的金鱼治死了?检查数据,一遍一遍,没问题。检查过程、逻辑推理都没有问题。这个时候有人说:既然我们没有问题,是不是这书有问题呀?这句话如果在平常说的话,可能同学们很难有信心去挑战,但是在这个时候,孩子们一致认为很可能是书有问题。如果是书有问题,哪里有问题?孩子们推理至少有两点可以肯定,第一,浓度大,第二,这一定是个低级错误,很可能是校对的时候出了问题。那到底是哪里出了问题?孩子们的目光直接锁定在 1000 毫克孔雀石绿上,这是直觉思维。直觉思维背后还有一个深刻思维,孩子们的解释是这样的,为什么锁定这 1000 毫克孔雀石绿上?如果是 1000 毫克在这里为什么不直接写成 1 克?1 克是多么直观的概念,如果不是 1000 毫克,那是多少,难道是 100 毫克?孩子们认为 100 毫克的可能性非常大。校对的时候有一个 0 校对错了。不用说,马上开始进行试验。

先进行有效性的试验,把液体浓度再缩小 10 倍,根据华罗庚 0.618 的优选法,他们设立了 5 个试验组:分别是 130 毫克、100 毫克、70 毫克、50 毫克、10 毫克以及 10 毫克。3 个小时过去了,5 个小时过去了,

24 个小时过去了，仍然没问题，金鱼活得很好。安全是否有效呢？还得看看能不能治病。马上进行有效性测试。24 小时之后，金鱼体表的菌丝就是棉絮装的物体开始有脱落的迹象，再过一天脱落了很多，第三天的时候水霉菌基本全部脱落，然后把鱼清理一下，就这样把鱼治好了。孩子们非常高兴，写的科技小论文没有直接来找我，直接去了那家书店。带着科技小论文，找到书店老板就说："你这书是盗版的，你的书把我的金鱼给治死了，把我们很多同学的鱼给治死了。"那叔叔讲："你小孩子懂什么，这书都是专家写的，金鱼很难养，你不知道吗？"孩子们不服气就跑到另一家书店买了一本书，回来进行比例换算，换算之后那个比例跟孩子们探究出来的比例是一致的，确实证明那本书在比例上扩大了 10 倍，是有问题的。孩子们特兴奋，准备再一次去那个书店。就在这个时候，发生了一件事，一件让大家都意想不到的事情。

主持人： 其实刚才张部长提到的吴佳明同学当时正好在我的班上，在这个实验刚刚开始的时候，我们班同学当时都这样说："你们这哪里是治病小组，你们简直是致命小组。"吴佳明不服气，他说我一定要搞出个名堂，要搞明白这件事。当时我们全班同学对这个实验都非常关注。因为吴佳明每天在记观察日记，大家跟着他的日记，了解这个实验的进展程度。如果我没记错，刚才张部长说到的那个意外，应该和我们在座的各位朋友非常喜欢的一种鱼有关，是多宝鱼吧？闫老师。

闫玲老师： 对。大家请看大屏幕，这有两条多宝鱼，如果让你选择的话，你会选哪一条，主持人你选哪一条？

主持人： 我选前面这一条，漂亮点儿。

闫玲老师： 前面这条，漂亮一点儿。我问过大部分的人，他们都选这一条。在 2006 年 10 月份的时候，我们的学生用孔雀石绿治好了金鱼的水霉病。可正当孩子们很兴奋的时候，看到了这样一条新闻：深圳有一段时间，多宝鱼在运输的过程中，身体由于发生碰撞，鱼鳞掉了又浸泡在水里，就容易长皮肤病，看管的人害怕影响他的销售，就给养鱼的水里放入孔雀石绿这种物质。据连续两天播报：孔雀石绿是一种致癌物质，用这种药水浸泡过的鱼，我们人是绝对不能吃的。随后深圳卫生部门、质监部门都对这个播报进行了检测，发现果不其然是这样。我相信大家应该都记得，从那一段时间起，香港就停止从大陆进口多宝鱼，因为怀疑这个鱼就是用孔雀石绿这种药水浸泡过的。孩子们看了这个新闻之后很沮丧。为什么？因为我们总是希望自己的科学成果有一定的实用性，如果说这个实验的结果不管是对鱼或是对人的健康有危害的话，那这个科学实验就不完美了。怎么办？想一种方法能够代替孔雀石绿，但是又对金鱼和人安全。有一个孩子说："老师我们能不能试一试中草药。"为什么呢？第一，中药相对西药来说药性比较温和；第二，中草药是咱们民族的瑰宝。这项提议一提出来，马上就得到了大家的赞同。但是孩子们包括张老师，我们都没有想到后续实验的复杂程度。

张祖志老师： 是的，我从教 18 年来，从来没有遇到这么大的一个挑战项目，为什么这么难呢？按照惯例，我们让孩子进行科学研究的时候，一般前期要在网上和书店搜索相关的信息，然后进行整理，找到研究的突破口。但是这一项研究，我们在网上和书店很少能找到信息。怎么办？这时有个孩子发了一句牢骚："这网上挺奇怪，治鱼病的没有，治人霉菌的倒不少。"这话一出，有个孩子就想了，那我们能不能迁移一下，用治人的方法来治我们的金鱼呢？这个想法听起来很天真，但是在这个时候，我们算是找到了一个突破口，我们打算就朝这个方向走，做下去。很快我们就在网上搜索了可以治霉菌的 12 种中草药。找到之后，我们就准备进行试验，但是我们知道，中草药进行治疗的时候，往往是按配方使用，要配在一起，效果好。但是这 12 种药要配方的话，可以配出两千多种，这还只是每组设一个对比组，如果每个方案还设 5 个对比浓度的话，那是多少种？根本无法开展试验。最后，我们去了中草药店，药师特别热情，把我们带到后面不到 10 平方米的一个小课间里，讲了一个多小时的课，孩子们听得非常认真。讲完之后，在他的建议下，我们把 12 种缩至 6 种。

主持人： 我问一下，这 6 种中草药，如果进行配方的话，那难度也是相当大，后来孩子们是如何实验的呢？

张祖志老师： 这 6 种中药配方的话，确实难度还是很大，要做很多对比试验。在药师的建议下，我们制订了新的方案。先进行单房实验，然后再进行配方试验，我记得，实验是闫老师指导孩子们做的。

闫玲老师： 对。首先，对每一种药物进行单方实验，参考给人治病的配方，我们降低浓度，缩短对金鱼浸泡的时间。根据中药的药性，还有药性挥发的黄金时间我们确定为早上9点，下午4点分别对金鱼进行一次治疗。经过两天的观察，我们最后锁定三种：五贝子、大黄、水菖蒲。单方实验结束之后，我们又进行了复方实验，从药效上看，水菖蒲、大黄、五贝子它们的药性是最好的，水菖蒲和大黄在一起药效也不错，但是我们的孩子有一个意外发现。凡是这个药方里有五贝子这种药物，金鱼一放进去，就出现乱游的症状，我们就想这可能跟五贝子药性最强有关系。孩子们降低它的浓度，降到两克，发现同样能治疗好金鱼的霉菌，而且金鱼的生存状态也是很不错的，那这个实验到这就结束了，但是我们的孩子没有停下来的意思。

张祖志老师： 为什么停不下来？孩子们想，为什么要等到金鱼生病之后才去治疗，我们能不能在生病之前就有一个方法去预防它？这个问题提出来，孩子很感兴趣，而且有了前期的研究基础，孩子们很快就上手了，这项实验也遇到了两个困难。第一个困难是找临界点，在治疗的时候，我们希望研究出来的配方，能够在24小时之内起到杀菌的作用，48小时之后这个药效自动减弱，减到一个安全的水质标准。我们花了几天的时间找到了方法。第二个困难是实验要连续观察48小时，不能有任何的间断，要随时做好这个记录，一旦不行得马上撤换。

闫玲老师： 在国庆节7天假期里，几个孩子带着席子和毛毯就一下子扎进了实验室。白天好说，到了晚上我们排好班，订好闹钟。我记得当时第一天晚上闹铃一响，孩子们都起来了，特别兴奋，看看我们的金鱼是什么样的一个状态。实验室当时的条件其实是蛮艰苦的，例如养鱼有水还有蚊子。第二天，有一个家长也来到了我们的实验室，要陪着我们的孩子一起做科学研究，当时让我们每一个人都很感动。经过连续48小时不间断观察，我们的孩子找到了一种能够有效预防水霉病的配方。但是这次实验结束之后，我发现孩子们并没有像以前做完实验那么兴奋。

主持人： 我记得，吴佳明在日记中这样写：这次实验之后，我又产生了很多新的问题，生成了很多新的想法，觉得还有很多问题等待研究。 那后来是什么情况呢？

闫玲老师： 这项实验经历了 3 个月之久，最后孩子们写成一篇科技小论文，题目就叫做《一个"0"引发的惨案》。记得在论文的结尾部分，有个孩子这样写道：还从没有一种科学实验的成果让我如此兴奋过，这是一次让我记忆一辈子的实验。他们的科技论文也获得了全国科技论文比赛的金奖。吴佳明凭借着前两次全国比赛的金奖成功地当选了全国第四届科学小院士。在从北京回来之后，学生又陆陆续续做了很多研究，其中最有影响的就是《不同水质对金鱼生长情况的影响》，那个时候麒麟部刚安装了直饮水这种设施，孩子们就选取了校园里最常见的 3 种水：自来水、直饮水和纯净水。在实验室里做起了实验。可能我们一般会认为，自来水比较适合金鱼生长，但是孩子观察了一个多月，发现最适合金鱼生长的并不是纯净水，而是直饮水。他们写成了科技论文《不同水质对金鱼生长情况的影响》，在全国的科技比赛论文中，也获得了一等奖，中国青少年报、南方都市报的记者都对我们的孩子进行了采访。

张祖志老师： 可喜的是这个实验做完之后，我们有很多学生和老师加入了这个项目研究。比如有一组四年级的学生研究的金鱼幸福指数，金鱼在鱼缸里的时候，什么时候是最幸福的，他们找到了。在水的深度是多少，它摆尾的次数是多少，它呼吸张腮的次数是多少，还有它取食的活跃度，然后通过这些数据观察金鱼什么时候幸福指数最高，这是一个有意思的研究。还有一组六年级的学生研究金鱼的色感，对颜色喜好程度的分析。我最感兴趣的是有一组女生的研究《金鱼身体的"黄金美"》。通过观察、测量，发现金鱼身体的 4 个 0.618 黄金比例，所以说，科学探索不光只有真，还有善，还有美。只是科学的这种善和美，需要我们去求证，需要我们去发现，去寻找。

在这里我想阐述个人的一个观点，我们孩子探索的行为、探索的习惯、求知欲望，从什么时候开始培养比较好，我想告诉大家：从小开始。小到什么程度，从他认识世界的那一刻开始，我们就应该拿出我们的耐心，去鼓励孩子，去做观察，拿出空间和时间让他们全身心地去真实地经历他周围世界的这些科学现象，去观察，去求真，去求索，只有在这种环境下建立的这种情感是最真实的。我知道，我们有些家长教育孩子还是比较注重说教，如你知道法布尔是哪个国家的，法布尔最有名的著作是什么，哪一年发表的，还有爱迪生是哪个国家的，爱迪生一生有很多发明，最有名的发明是什么。你知道你很棒，你不知道你不棒。但实际上这些东西只是科学素养的一个方面。与其教给这些，我们不如教给孩子们一个全真的探索的情感世界和探索的方法。

在这里我想跟大家介绍一个我校的学生，全国第二届科学小院士刘诗仪，现在就读于美国加州理工大学物理系。这是一个看起来普普通通的女孩，看似普通，所作所为令人不可思议。刘诗仪成绩优异，与其他女孩子不同，她对计算机、科学充满了兴趣。8 岁时与同学合作的小发明《组合清凉书包》，获"广东省青少年发明创造"三等奖；小学时她的论文《计算机与计算机网络犯罪研究及防治》被第七届全球华人计算机大会收入论文集，是该论文集作者中年龄最小的一位；她在讲故事、绘画、书法、英语等比赛中，频频获奖；她还参加各种社会活动，2003 年参加"深圳—西藏阿里"手拉手活动，被西藏拉萨共青团授为"希望之星"；2004 年在上海"首届国际儿童论坛"大会上，她做了主题为"学会关注"的发言，通过与美国、日本等国家对比，论述了国内商场、公厕、公园等场所缺乏儿童洗手池、儿童柜台等设施的不足，在论坛上引起广泛关注。她从小喜欢做小制作、小发明，喜欢建模型，喜欢画漫画，最有意思的是她曾做了一个模型，通过这个模型试着去解释中国 20 世纪 90 年代初房地产泡沫破灭现象。

前不久，刘诗仪凭着自己在加州理工大学的杰出表现，取得了和著名的"科学英雄"霍金同台对话的机会。每年，霍金照例有一次公开演讲，会挑选博士、硕士、本科生各一人，与其同台"对话"。能与霍金对话，是每个学生梦寐以求的机会，人人都想方设法争取。霍金对话的人选也很特别，是让全校所有学生提交问题，之后由他选定好问题交给提问者。在激烈的竞争中，凭着她炙热的科学探究兴趣和她提交的问题，她最终得到了霍金的青睐，刘诗仪获选成为与霍金直接对话的本科生。对话当天，刘诗仪走上演讲台，在学院教授、霍金好友索恩的帮助下，实现了一次与物理学顶尖大师的亲密接触。霍金幽默地回答了她，在高中时候就疑惑不已的关于对未来时间的问题。

2009 年，在全国第五届科学小院士评选活动中，南山实验麒麟小学3 名同学脱颖而出，从 1.5 亿的中小学生里边，按三百万分之一的比例，我校产生了两名全国科学小院士和一名小院士的提名。这对我们来说是极大的鼓励，极大的鼓舞。两位小院士凭着他们的研究，被中国少年科学院邀请到中科院研究所报告厅里演讲，他们有一段话让全场记忆深刻："在科学的殿堂里我们不怕困难，我们不怕挫折，有梦想就有希望，我现在最大的梦想是能够像我校刘诗仪姐姐一样进入如美国加州理工大学一样的世界顶尖学府求学，将来能够成为一位全球顶尖的科技人才，成为一名像戈尔那样有影响力的环保科技工作者，用我的智慧、我的执著、我的爱心去改善我们生活的环境，各位小院士代表，让我们鼓起勇气在科学求索的道路上做一个有胆识的人，做一个有毅力的人，做一个有责任的人！"

主持人： 2009 年，麒麟部产生了两名科学小院士和一名小院士提名奖。第五届小院士评选有 50 个名额，我们麒麟部产生了两名，麒麟小学部是全国唯一一个有两个小院士当选的。当时中科院和少科院邀请这两名小院士去中科院做了演讲。长达 15 分钟的演讲就是阐述他们的研究。

今天，3 位小院士来到了我们的现场，让我们用热烈的掌声欢迎他们。张部长先为大家介绍一下孩子们。（刘舒扬参加过两次全国生物方面的比赛，两次获得金奖并且两次都是五星实验奖；沈卓凡两次参加全国化学实验的比赛，两次获得金奖；杨益彰参加天文方面的比赛，一次获得金奖，一次获得了五星实验家称号）

主持人： 我想问问，你的梦想还在坚持吗？

沈卓凡同学： 我还在坚持着我的梦想。为什么呢？首先我认为，我们生活的周围也算是环境，大到整个地球，环境的好坏直接影响着我们的生活，影响我们的健康。如果环境遭到破坏，我们的生活质量一定会下降。我很崇拜戈尔就在于他用十年的研究告诉我们长此以往，我们的地球温度就会升高，冰川将融化，洪水泛滥淹没我们的家园，那么我们人类就会面临前所未有的灾难。那这个问题需要上百年来解决，所以我一直很崇拜他。我一直想像他一样，用自己的研究成果和实验数据来唤醒人们的环保意识。虽然现在国家大力提倡环保，但是我认为还不够，我想用自己的努力让人们从心底里为这个环保去努力，跟我一样吧！

主持人： 沈卓凡对自己的梦想已经有了整体的规划，而且也在有计划地一步步实施着。那我想问问刘舒扬，你的梦想是什么呢？

刘舒扬同学： 我小时候的梦想是很远大的。我希望有一天我能了解世界上所有的动物。那么到了现在，我的梦想有了一个明确的目标，就是我对生物遗传方面的兴趣。我希望我长大以后可以进入世界著名的生物研究院校。例如，英国曼彻斯特大学，还有麻省理工学院，在这样的实验室进行研究，毕业之后我会继续留在那里进行生物方面的工作。

主持人： 小姑娘的梦想不简单啊！很远大。我刚才听刘舒扬的梦想，随着年龄的增长可能梦想有所改变，但是我觉得她的梦想是越来越明确，越来越有方向。杨益彰之前有跟我聊过他的梦想，他想成为一名很有钱的人。我感觉在这个场合里讲有点俗，大家都不会说出来的，你怎么就说出来了？

杨益彰同学： 大家不要误解，其实有钱是我的第一步。因为我想先有一笔资产，然后再去建造一所属于我自己一个人的实验室，这样我就可以不受任何限制，做自己任何想做的实验。我本身就很喜欢天文，但是我坚信我们人与人，事物与事物之间一定存在一个东西将我们连接起来，而这个东西就是现在科学家一直研究却研究不出来的暗物质。在宇宙中多半以上的质量全部都是由暗物质所担当的。所以我就想，如果我在暗物质领域里能有所研究的话，我就可以控制物质在维度和维度之间进行转换。这样的话就可以完成空间与空间的快捷转换。像爱因斯坦的理论，光是时间的一种单位，但是我觉得宇宙中一定有一种永恒的时间在暗物质的转换之中，人类就可以控制空间的旅行，从而进行时空上的转换。然后为人类宇宙探索事业做出贡献。

主持人： 3位同学的梦想都很远大。有环保学家、物理学家，还有要办自己的实验室的。几位同学，让我们再回到我之前提到的钱老之问。听了你们的故事，我们每位老师都觉得肩上的担子沉甸甸的。想想以前我的学习，很多时候都是老师事先预设了结果，再一步步地把我们引向这个结果。你们的学习不同，它带给我们成人很多思考：孩子天生热爱科学，我们有没有为他们提供广阔的平台？孩子天生对学习充满兴趣，我们有没有培养他永不满足的探究精神？当孩子挑战权威的时候，我们是积极鼓励还是重棒打击？都说让学生拥有多向思维、严谨的科学态度，我们到底为他们做了什么？这些可能都直接影响到他们梦想的树立。虽然许多人的梦想在不同时候都有所不同，但我们相信，在探究的土壤下滋养的梦想，更具生命力！因为那颗种子永远蓬勃。在这里，请允许我敬佩地说一句，两位老师，3位同学，你们的梦想真伟大！我们期盼，在我们南山实验也能培养出像钱老一样了不起的大师！这是南山实验人的梦想。朋友们，让我们用热烈的掌声祝孩子们成功！

对于钱学森之问，我们不仅要在高校探讨，更要从娃娃阶段抓起。生活在特区的孩子，有这么好的条件，有这么远大的梦想，真是太幸福啦！现在我们要把目光转向中国另外一个地方，那里偏远、闭塞、贫穷、落后，那里的孩子有梦想吗？让我们来听听付老师的故事，掌声欢迎。

付老师，大家都知道，去年你远赴西部贫困山区甘肃陇南支教，撇下了未满周岁的儿子，一走就是3个月，我特别想知道，是什么力量让你有了这样的选择？

付蕾老师：这还得从曾经念书的经历说起，我生长在西部一个小县城里，拿到大学录取通知书时，父母却接连下岗，这样沉重的家庭变故，让我的大学梦突然变得很渺茫、很遥远。后来由于自己学业优秀，得到了当时国家西部助学工程资助，才顺利念完大学，来到南山实验学校工作，实现自己成为一名教师的梦想。所以一直以来我都心怀感恩，去年，知道去震后灾区支教的消息后就报了名，虽然那时儿子年仅一岁，但是我觉得，我终于有机会可以为那些和我有着相似经历的西部孩子做点什么。

主持人：你是在进行一种爱的延续。你到了那里，感触最深的是什么？

付蕾老师：要说感受最深的话，应该有两方面，一方面是贫穷，另一方面是没有梦想。关于贫穷我想不用过多地去描述了，我们通过电视上的报道和画面可以了解得很清楚，在这里我就说这样一个小片段。

有一回，去学生家里家访。她家在一座大山的山顶上，山大沟深，走了两个小时的没有路的山路，走进她家四面透风，好像随时都要倒塌的房子，里面黑糊糊的什么也没有，有裂缝的墙上，除了奖状还是奖状，那一刻，心里很痛，真的很痛，那样贫困的家庭，又那样好学的孩子。

可能我们看见的贫穷在一时半会儿是无法改变的。但是最让我心痛的是另一方面，这里的孩子对自己的未来没有设想、没有规划，按理说，十多岁的孩子，正是特别有想法的年龄阶段，他们对于人生的梦想应该是千奇百怪、多姿多彩的，可是每当我问他们的梦想时，孩子们总是支支吾吾，半天蹦出一句：念书……我就换种方式接着问：有没有想过以后做什么？孩子们就愣愣地发呆，最后告诉我，没想过……不知道。

一次上课，我把笔记本电脑带到课堂上，上面有很多学习资料，孩子们很高兴，很茫然的那种高兴，因为他们并不知道这个是什么东西，也没见过。

从孩子们身上所表现出来的种种落后和迷茫，让我感觉心情沉重。我们都知道，一个人童年和少年时的梦想，会影响人的一生，这个时候的梦想也是非常重要和珍贵的。当时到文县已经有一个月了，日子过一天就少一天，剩下的时间非常紧迫，我想我得在这有限的时间里为孩子们做点什么。

我就想，我得给孩子们上一节课，一节可以给他们留下点什么的课。在最初备课的时候，我翻看电脑里存的一些资料，寻找可以用于教学的资源，其中有马丁路德金和奥巴马的图片和视频，马丁我们都知道，他的梦想，是为当时没有社会地位的黑人争取平等和权力，为了这个梦想，他甚至献出了生命的代价；而奥巴马是美国第一位黑人总统，成为总统是奥巴马童年时候的梦想，而他通过不断努力，终于实现了自己的梦想。我就想，通过这两个关于梦想的名人故事，用这样一堂课，让孩子们感受梦想的伟大和重要。

我记得为了把这节课上好，我们几个支教老师还跑到几十千米外的县里借来了投影仪。就是为了让孩子能通过看到故事的图片和视频被故事里的伟大梦想打动。

主持人：付老师，两个故事都非常好，这两个人物都是世界级伟大人物，你讲完他们梦想的故事，学生的反应怎么样，有没有觉得离他们有些遥远？

付蕾老师：是的，你说的也是我上完这节课过后最深刻的反思。当时，在课堂上，听了马丁和奥巴马关于梦想的故事后，我就让孩子们说说自己的梦想，可是孩子们的反应和我预想的完全不一样，一个个都懵了。没有一个人举手发言，课堂上很安静，很压抑的那种安静，这两个人物确实是没有引起孩子们的共鸣，他们的梦想，对于山沟里的孩子来说，也确实是有点遥远。

接下来的几天，我一直在反思，怎么才能激发起孩子们心里关于梦想的能量，想了很久，我想到了一个人——苏珊大妈。一个生长在苏格兰乡村的大妈，后来在电视选秀节目中一举成名，这些大家应该都知道。但是我想到的是苏珊大妈在成名前的经历。

苏珊生长在贫穷的乡村家庭里，她是家里最小的孩子，前面有 4 个哥哥、5 个姐姐，母亲在 47 岁生她时发生难产，导致苏珊脑部缺氧，后来被诊断为学习障碍。小时候在学校，她常被同龄人欺负嘲笑，还有个"傻苏珊"的称号。十几岁时母亲去世后，她就一个人生活，一辈子没结过婚，没谈过一次恋爱，只有一只猫和她生活在一起。

应该说，苏珊大妈的成长环境和经历，和这些山沟里的孩子是差不多的，甚至可以说，比这些孩子还要不如，因为苏珊大妈是一个普通平凡还有缺陷的人。

但是苏珊大妈有梦想。她 12 岁的时候，一次偶然的机会，在依莲佩姬的演唱会上听到依莲唱歌，依莲佩姬在那个时代，就相当于这个时代的王菲。当时苏珊就被依莲的歌声迷住了，于是从 12 岁开始，苏珊就有了童年的梦想——成为像依莲佩姬一样的职业歌唱家。这个梦想一直坚持了 35 年。

2009 年 4 月 11 日，47 岁的苏珊大妈参加在英国独立电视公司著名的选秀节目《英国达人》（这个节目类似于中国的星光大道），刚开始又老又土、衣着寒酸、说话语无伦次的苏珊走上台时，下面的观众和评委都在嘲笑和讽刺她，但是，当苏珊才开口唱出音乐剧《悲惨世界》中的歌曲《我曾有梦》的第一句时，评委露出吃惊的表情，睁大了眼睛，张开了嘴巴。全场只能用欢声雷动、全场尖叫鼓掌来形容。在 5 月 30 日的决赛中，苏珊大妈参赛的收视率甚至超过了奥巴马的就职典礼。咱们可以回顾一下当时的情景。（播放视频 1）

苏珊大妈终于在 47 岁时实现了自己童年时候的梦想，甚至还实现了和自己的偶像依莲佩姬同台演出的梦想。

主持人： 苏珊大妈是普通人， 和孩子们比较近， 孩子听了这个故事， 看了这些录像， 有什么反应？

付蕾老师： 当时教室里非常安静，连孩子们呼吸的声音都能听见，但是我能感觉到孩子们眼睛里有了灵光，眼神活泛起来，接着，一只手举起来了，两只手举起来了，三只、四只……看着孩子们的手像春笋一样一只只立起来，我知道，有一颗关于梦想的种子，已经播种到了孩子们的心里。

其实，灾后重建，物质建设固然重要，但是梦想的缺失却会让未来的发展无以为继。我心里很清楚，一学期短暂的支教工作，凭个人的力量，很难改变这地震过后山沟里的现状，但是我希望孩子们记住今天的梦想，我相信，有梦想才有希望，有梦想才有力量。

结束支教的时候，已经是深冬了。离开那天凌晨 5 点，大雪纷飞，我拖着行李走出板房，几个黑影蹲在门边，孩子们不知在门外等了多久，见到我，一个孩子用冻僵的双手哆嗦着，从怀里掏出几个橘子塞到我手里，橘子还带着孩子暖暖的体温……

主持人： 付老师， 其实你做得真的是特别好。 孩子们拥有了这种梦想， 他们就会拥有未来， 拥有希望。 其实你今天在这里很动情地讲述这个故事的时候， 在远处有一双眼睛， 一直非常专注地在注视着你。 他听得特别认真、 特别感动。 你想知道他是谁吗？

付蕾老师： 想，想知道！

主持人： 让我们掌声有请来自甘肃陇南文县三中的马立同学。

付蕾老师： 啊！马立！他以前在班上个子小小的，坐第一排，现在长这么高了。

马立同学： 付老师，我们好想你！

付蕾老师： 孩子，你是怎么过来的？

主持人： 我记得马立到了文县县城那天，给我打电话，说王老师我不知道怎么买票，你能到文县这里来接我吗？我说马立文县到深圳很远的，我教你怎么买票，后来还顺利吗？

马立同学： 还算顺利，后来在县城汽车站买到了大巴车的票，坐了一天半的时间到达兰州。

付蕾老师： 马立，从兰州到深圳是坐火车来的吗？

马立同学： 是的。

付蕾老师： 是第一次坐火车吧？

马立同学： 是，是第一次。

付蕾老师： 坐多久了？

马立同学： 五十多个小时。

付蕾老师： 从大山沟的家里到乡里，再到镇里，再到县里，再转兰州到深圳，这一趟走了多少天？

马立同学： 5天多吧。听说我要来深圳，同学借了一身像样的衣服给我，母亲和卧病在床的父亲还亲自给我准备了一路上的干粮。

付蕾老师： 辛苦你了，孩子！

马立同学： 不辛苦！

付蕾老师： 马立，你手里拿的是什么？是带给我的礼物吗？

马立同学： 是的，其实这是你临走时送给我的礼物，我带过来了。

付蕾老师： 哦，我记起来了。这是你封存的那个梦想，是不是？

马立同学： 是的，这就是我的梦想。

主持人： 马立，能跟在座的朋友说一说你封存的梦想吗？

马立同学： 好的，我的梦想没有前面几个同学说的梦想伟大。我，我的梦想是当一名跟付老师一样的老师。我们那里是山沟，是农村……像我们这样大的伙伴好多都辍学了。我想当一名老师，去教育他们，去教我们山里的娃，让他们有知识有文化，让他们懂得做人。

付蕾老师： 马立，你的梦想非常了不起！因为我去过那个地方，我在那里生活了半年，我亲眼所见，亲身经历了那个地方的贫困落后……我相信你的梦想是发自你内心的。今天很突然，老师也没给你准备什么礼物，来，咱们合个影。

主持人：让我们记住付老师和马立珍贵的画面吧。将来让这张照片见证马立梦想成真。马立，今天当着这么多朋友，能答应付老师一件事吗？

马立同学：能！

主持人：一定保持和付老师的联络，当你梦想成功的那一天，把好消息告诉付老师，再让付老师传达给所有关心你的人，能做到吗？

马立同学：一定能！因为有了梦想，我会去拼搏，去奋斗，并为之实现。谢谢所有关心我的人！

主持人：让我们用最热烈的掌声，送给付老师，送给这位来自大山的孩子。谢谢！

（三）爱的力量

主持人：接下来，我要为大家介绍两个女孩，小梁，柏慧，让我们用掌声请她们坐到我身边来。这个大女孩是小梁，她是我的实习生（大家好），这个小姑娘是柏慧，是我的学生（大家好）。大家看到了，小梁在相貌上和我们有一点不一样，她是位白化病人。生活中像小梁这样的病人我们都见过，但对这种病大家不一定了解，我在网上查找了一下，让我们一起来看看。

介绍（出示 PPT）白化病。

白化病：一种皮肤及其附属物色素缺乏的遗传病。

分类：分全身性白化病和局部性白化病两种，以前者最为常见。

症状：患者皮肤呈白色，毛发银白或淡黄色；虹膜呈淡红色或淡灰色，半透明，瞳孔淡红，视网膜无色素、羞光，眼球震颤，视力下降；病人对阳光很敏感，严重日晒后，皮肤可增厚并发生鳞状上皮癌。

成因： 白化病的发病是由于黑色素代谢障碍所致。

发病率： 白化病遍及全世界，总发病率为 $1/10000 - 1/20000$。

临床治疗： 对白化病目前尚无有效治疗方法。

刚才，我为大家简短地做了医学常识的普及，但生活中小梁都会遇到什么困难呢？我为大家说说在我们俩相处过程中我亲眼见到的。

情境一：

有一次，我和小梁一起吃饭，我们要了一个牛腩闷锅，吃的时候，我发现她只夹锅里大块的胡萝卜，不吃肉，我以为是小梁太客气，我就把肉夹到她碗里，她吃得好香，开心地说："吃食堂，好久没吃这么美味的东西啦！"我忍不住问："那怎么不夹肉呢？"小梁说了一句话，让我心里酸了好一阵子："王老师，我从小到大最好养，吃饭我只夹盘子里最大块的。"因为她，看不清。

情境二：

还有一次，学校开会，7 点多了，我才回到办公室，灯还亮着，一开门，我看到的情景很久都印在我的脑海里：小梁的脸几乎贴在屏幕上，眯着眼睛很吃力地拖动着鼠标，正在做一份电子表格，看我回来，她跳起来说："哈，搞了两个小时，终于快搞定了。王老师，给您帮了个小忙。"我看到她那开心的样子，眼泪忍不住就出来了，我花 10 分钟就能搞好的一个普通表格，她做了两个多小时，天黑了，她一个人走很危险，因为她看不清。

批改一次作业，她要用比别人多两三倍的时间，那段日子，我要么不留，要么收上来就藏着改，我不愿让小梁受这个罪，她却一次次地对我说："王老师，别人能干的，我都能干。"刚才说的是我和小梁在一起时亲眼见到的，这可能只是她遇到的困难中的一点点，生活的甘苦只有她自己最清楚，我们让小梁自己来说说。

小梁老师：大家也看到，在你们面前的是一个特别的我。其实，小的时候，我是不知道自己有什么特别的，也不知道自己和别的孩子有什么不同。只是知道每隔一段时间，我母亲就会亲自帮我把头发剪得短短的，然后花上整整一个下午的时间把头发染成黑色。可惜效果不持久，很快我头顶又冒出新的白发，又黑又白的特别碍眼。我母亲就不厌其烦地一次次为我染了再染，所以我从小到大都留着一头短短的男生的发型。每当我看到别的小女孩留着长长的辫子，扎着漂亮的头花时，我心里就特别羡慕。我也曾多次问过我母亲："为什么我就不能留长头发？"我妈总是说："长头发不好看。"

后来长大了一些，才明白我母亲当时的一片苦心，也终于知道为什么我父亲，他平时在外面总是谈笑风生的，可每次到我染发的时候，他就会变得格外沉默。

可是总这么染下去也不是办法，后来初二那年，在我的坚持下，我妈终于答应不再给我染头发了，我就正式开始了我的白发生涯。开学那天，我戴着帽子去学校，后来要上台领奖，我就把帽子摘下来了，当时班里一下子就安静了下来，然后"哗"一声全议论开了，虽然事先已经做好了心理准备，但那惊叹声依旧显得很刺耳……后来那天回家路上，街上有群孩子就跟在我后面，一路追着喊，其中有个穿红衣服的男孩，拿起石子就往我身上砸，还大叫："白发魔女，白发魔女！"两边的行人齐刷刷往我这边看过来，我当时心里还真是很难过的，就恨不得赶紧逃离那个地方。

小学的时候，我的老师总安排我坐在第一排最中间的位置，当时每隔两个星期要换一次座位，班上的同学就在背后议论纷纷，说怎么我们都要换就她不用换。其实，即使我坐在第一位，黑板上的字很多还是看不清的。同学们又怎么会知道我的难处呢？

主持人： 小梁，我打断你一下，遇到这么多困难，你的学习成绩怎么样呢？

小梁老师： 怎么说呢，小学的时候，我成绩还是不错的。因为当时学习任务比较轻，虽然课上看不太清，课下我可以借同学的笔记来抄，加上爸妈也是学校的老师，课后会给我辅导一下，所以小学那几年我成绩在班上都是数一数二的。

可是上了中学，情况就不那么乐观了。一方面是学习任务加重了，另一方面由于先天性眼底发育不良，我视力也一天不如一天，学起来就有些吃力了。就说做语文阅读的时候吧，因为我眼睛会自然震颤，所以有时很难集中焦点，时间一长，看着看着，那些字就会动来动去的，感觉像跳舞一样。

学英语就更加糟糕了，每个单词都是由一个个字母组成的，看起来就更加困难了，有时只好叫别人读给我听，可是谁又会有那么多时间呢？记得有一次考试，我特别想考好，那天晚上还拿着小电筒在被窝里复习了大半夜。结果第二天试卷一发下来，我就蒙了——那次试卷的题量特别大，结果铃声响了，我还有四分之一的试卷是空白的，老师收卷的时候，我都急得要哭了，就扯着试卷，都不想交了。老师也特别理解，只是说"佩敏，交卷吧。"我当时强忍着，跑到厕所里，把门一关，眼泪就"哗啦"地流下来了。你们能理解我的心情吗？我当时特别想问问上天为什么会那么不公平，为什么偏偏是我呢？别人轻而易举就能做到的很多事，我那么努力了，可为什么还是做不好呢？

主持人：小梁，其实你特别优秀，我听你的带队老师说你一次就考上大学，还是自己特别喜欢的中文教育专业，遇到这么多困难，多不容易，朋友们让我们用掌声告诉小梁，她很棒！

小梁老师：谢谢大家，随着年龄的增长，我也学会了坦然接受，对人对事的想法也成熟了一些，对自己也不再像以前那样苛刻了，觉得只要自己努力了就好。前面和王老师谈到一些学习上的困难，其实，在以后生活和工作上，我要面临的困难也许还会更多。就像现在，临近毕业了，可四处投的简历几乎都是石沉大海杳无音讯，但是，我还会一直努力，我希望可以回报父母的一片苦心，也希望对得起给过我帮助的人。这次实习，本来是可以不来的，可是仔细想想，还是给自己一次尝试的机会吧。

主持人：小梁，我听你的带队老师说，原来安排你去高中实习的，后来怎么到小学来了呢？

小梁老师：是的，当时我是被分配到高中部的，可是我考虑到以后在小学任教的机会大些，小学生小，我会遭遇更大的不理解，我想尽早挑战自己，看看自己到底有没有能力去应付。当时我朋友都劝我："佩敏，还是去高中实习吧，毕竟童言无忌……"其实，我知道他们在担心什么，因为我也有同样的顾虑，我当时真是带着很不安的心情来南山实验实习的。

主持人： 小梁他们来的前一天，她的带队老师到学校来过，说有个实习生有点与众不同，其余什么都没说。那天早上，在众多的实习生中，我一眼就看到了她，我知道就是老师说的与众不同了，我找到她的带队老师说："就让这孩子跟我。简短的见面会后，我带着小梁去见学生，当我们走到二楼拐弯的地方，几个二年级的学生就围过来，在旁边指指点点议论着，我当时心里一颤，虽然我的孩子四年级了，可他们突然看到小梁会是什么反应呢？不行，我停下来，和小梁说："先在二楼走廊看看照片，我忘了东西，回去拿一下，等我一下就来。"我从三楼绕了一大圈跑回班上，先和孩子们说了一番话。

柏慧同学： 那天早上，同学们正在吃早餐，小王老师急匆匆地跑进来，她一拍手，全班安静了。小王老师说："今天班上，会迎来一位实习老师，她是一位特别的老师，与众不同。她很特别——这种特别，不仅在于她的外表，更在于她阳光与自信。她来到我们班，是我们全体孩子的幸福。我现在就去请她过来，注意，你们的微笑很重要。"我心里想，她到底是个什么样的人？所有同学，都睁大了眼睛，伸着脖子，盯着门口。

小梁老师： 正看着照片，王老师回来了，我带着一颗忐忑的心，跟随王老师走到四（三）班门口，王老师简单介绍了两句，之后让我和大家说几句，我只说了两句话，而迎来的却是极其热烈的掌声和超级热情的笑脸，还有响亮的"小梁老师好"，我的心瞬间变得明亮。这是我走过的所有学校中，第一次不带尖叫，没有恶意，充满微笑的见面，我好开心，一下子，我就喜欢上了这些孩子，喜欢上了王老师，喜欢上这个温暖的班集体。

主持人： 在一个多月的时间里，小梁成为我们温暖集体的一员，她克服了许多困难，取得了很大进步。就在她要离开学校的最后一周，她有个重要的任务，要完成一节公开课，我们的校领导、她的老师、同学都要来听，那堂课真的让人很感动。记得那堂课上的是《世界上最好的东西》。上课前，我对孩子们说，这堂课对小梁老师很重要，她能不能拿到一个好成绩，要看你们是否精彩。那节课，连平时很少发言的孩子都拼命举手，他们想为小梁老师争个高分。课接近尾声的时候，小梁提了个问题，她说："孩子们，对于不同人来说世界上最好的东西都不同，把你们想到的写下来吧。"我请柏慧读读她写的那段。

柏慧同学：对于我来说，世界上最好的东西，就是和爸爸妈妈每天晚上点着蜡烛玩藏猫猫。对于爸爸妈妈来说，世界上最好的东西就是有了我，我健康快乐。对于小梁老师来说，世界上最好的东西就是黑色素吗？是正常的视力吗？是一份好工作吗？小梁老师，其实您已拥有，是您阳光自信的生活态度和坚强的性格，我敬佩您！

小梁老师：谢谢柏慧。其实，在这一个多月的实习中，孩子们带给我的实在是太多太多的感动，太多太多的难忘了。记得我走的那天，是11月26日，孩子们为我开了个特别隆重的欢送会，我一辈子都忘不了：忘不了那一张张真挚的面孔，忘不了那一双双温暖的小手，忘不了那一个个结实的拥抱，忘不了那一张张写满祝福的卡片，更忘不了那一束灿烂美丽的蔷薇花。

大家看到，屏幕上的这一束蔷薇花，它不是我从网上下载下来的，它是孩子们送给我的，这也是我长这么大以来收到的第一束花，而它又那么的来之不易。一位妈妈无意中向我透露：因为我的网名叫蔷薇，孩子们就认为我一定是非常喜欢蔷薇花。欢送会前的那天晚上，孩子在家长的带领下，四处寻找蔷薇花，因为不是蔷薇的季节，所以他们跑了七八家花店都找不到。后来，在马家龙的一间花店里，孩子们把我的情况具体讲给了老板听。老板很感动，在网上联络各家花店，连夜从罗湖调货。第二天，这束花被送到了麒麟小学。而且老板只收了孩子们成本价，没加收任何费用。

我想问问在场的各位朋友，谁能不被孩子们的真诚感动呢？

本来我想，带着微笑和孩子们见面，这一路走来也满载着欢声笑语，我希望也能带着微笑和孩子们告别。可是他们带给我的一切实在是让我太震撼了，那个时候，我才知道：她们比我还清楚我的病情，比我还努力配合我的公开课，甚至比我还在乎我是否能找到好工作。每一个上台表演的孩子，都对我说："祝小梁老师永远阳光、快乐、幸福，祝小梁老师找到好工作。"接下来，孩子们不约而同地唱起了一首歌——《努力》，很快，几个孩子开始哭了，其他孩子们纷纷哭出了声音，好多孩子甚至泣不成声。在那一刻，我呆在那里，我的喉咙被什么哽住了。我想起了我的母亲，她在我还很小的时候，就告诉我，她说："佩敏，你要坚强，你要努力，长大后不要让自己成为社会的负担。"所以，这么多年，我一直很努力，生怕拖了别人后腿。我已经习惯了一个人默默面对路人奇异的眼光，习惯了用微笑掩饰所有的尴尬，习惯了对渴望得到的东西说无所谓，习惯了再难过都把眼泪往肚子里咽。我已经麻木了，可是这些孩子们，却让我看到了爱的可能，他们给了我力量，让我相信每个人都是有价值的，只要不抛弃，不放弃，我也可以用一颗平常心去爱，去拥有，去创造属于我的不平凡的人生。

歌声中，我站起来，走向孩子们，他们围过来紧紧地拥抱着我，我的心颤抖着，泪水怎么也停不下来，但我知道，那泪水里不是悲伤，是感动，我为这个温暖的班集体带给我的一切而感动，千言万语，佩敏只想对大家说一句："谢谢。"

柏慧同学： 小梁老师，我代表我们班同学，把这本书送给您（《特别的你》）。上面有我们想对你说的话，让它永远伴随着你。

全班同学在场下起立，齐敬队礼，一起高呼："小梁老师，我们爱你！"

小梁老师： 谢谢柏慧，谢谢同学们！（深深鞠躬）

主持人： 小梁，谢谢你。是你让我的孩子们懂得了生命的意义。谢谢我的孩子，是你们在和小梁老师相处的过程中，学会了什么是尊重，什么是关爱。谢谢你们，是你们让我懂得了建立一支爱的团队多么的有意义。谢谢你们！

接下来，我们再来听另外一个故事，这个故事有点长，是以两个人对话的形式来讲述的，故事的主人公是朱老师和小宇的爸爸，有请两位。

朱静老师： 说到小宇，认识他的人都知道，他是个开朗活泼的小伙子。科学课上，他最愿意提问，老师们都叫他小问号；他嗓门还亮，是我们班最神气的体育委员。班级有他的地方就有焦点，有欢笑。就是这样一个阳光小男孩，在去年发生了一些变化。我记得好像是 10 月份左右，阳光开朗的他下课了，总是一个人坐着发呆，和同学们玩好像也总是提不起精神，上课最喜欢唧唧喳喳的他也显得比较沉闷。

他的反常让我隐约感觉到应该与家长沟通一下，找了个机会给小宇爸爸打了电话，电话那头微弱的声音更让我意识到家里一定是发生了什么事情。

张江涛家长：是的，朱老师给我打电话的时候正是我病情最严重的时候。从前年到去年，回想起来，就是一场噩梦，几次与死神擦肩而过。先是脊髓炎，我躺在床上几个月，不能站立，不能行走，与这个世界也隔绝了。后又因治疗过程中服用大量激素，抵抗力下降，得了肺炎，高烧持续半个多月，被医生下了病危通知。去年 10 月份，我不得不从深圳人民医院转到广州人民医院治疗，每天高烧一次接一次，完全靠退烧药和出汗退烧。为了出汗，大热天里，却要捂上厚厚的被子，等到退烧，身上的衣服和床单、被罩、枕头都像从水中捞出来一样。身体也在一次次的服药和出汗中变得极度虚弱。本来脊髓炎后，经过锻炼，已经可以勉强站立，后来又站不起来了，灰暗的病房里，我只能蜷缩在帘子围起来的狭窄的病床上，吃喝拉撒全在床上解决。唯一能做的，就是每天在昏昏沉沉中数着一瓶接一瓶的点滴一滴滴地滴下，盼着尽快滴完。从早上数到中午，从中午数到下午，盼着天黑，又盼着天亮。神经的异常，使我全身疼痛，无法维持一个姿势哪怕是半个小时，只能辗转反侧。高烧又不退，可能我已经熬不过去了，即便好了，也是个瘫子，带给家庭的只能是负担和拖累。我看不到一点生命的亮色，思想也极度波动。我想了很多，言语之间开始给周围的亲人和同学暗示后事，甚至想到了各种死的办法。家人可能也察觉到了我的异常，每天寸步不离地陪着我，后来才知道他们当时甚至连水果刀都藏了起来。就这样，我躺在病房，连求死的力量都没有了。儿子也可能因为我长时间生病，开始变得焦虑，每次周末到医院看我，他总要问我什么时候回家。我无言以对，心里想着我可能再也回不了家了，对儿子却只能微笑和敷衍。我害怕让儿子知道很有可能发生的事情，我们都不讨论病情，病情的结果成了我们都刻意回避的话题。

朱静老师： 后来我对情况进一步的了解，发现事情远远比我想象的还要严重。一次在课堂上让孩子给爸爸写信，他默默地坐在那里把钢笔帽取下来，又套上，再取下来，再套上，就是迟迟不愿意动笔，我轻轻地走过去问他，他一脸委屈地说："我没什么想写的，我可烦了……"

孩子的表现让我很震惊，后来从小宇妈妈的口中，我才得知妈妈担心万一家里发生什么变故，幼小的儿子会受到伤害，因此尽量在孩子面前淡化爸爸的病情；另一方面，孩子太小，不愿意接受失去爸爸这样严重的后果，但是他天天面对的又是家里这样的情况，所以他会显得焦虑、烦躁，甚至是逃避。

了解到这些情况，我很担心。一方面担心小宇爸爸严重的病情，另一方面担心小宇不安的心态。但同时我又觉得这是一个很好的机会。我希望能够用我们的爱帮助孩子走出困境，并给予爸爸力量。

我组织了一个班会，和孩子们聊起了这个话题，目的是让全班同学一起来关心一下在病中的张叔叔。说句实话，活动之初我有些担心，不知道孩子们会有什么反应，哪想到张叔叔的话题一抛出来，孩子们热烈地讨论起来，他们回忆起张叔叔和他们一起春游，一起参加学校科普游艺节的情景，他们想到自己生病的时候最想吃什么，最想听到什么话，就应该送给张叔叔什么……孩子们热火朝天地忙碌起来，他们的激情深深地打动了我，短短两天的时间，我的桌子上就堆满了孩子们的爱心。

张江涛家长： 那是一个周六的上午，天气刚刚转晴，我躺在广州人民医院呼吸科的病床上，盯着那似乎永远也滴不完的点滴。儿子突然闯了进来，把一大叠五颜六色的卡片"哗"地倒在我的病床上，我还没来得及反应过来，他已经开始趴在我身边，给我一张一张地讲起卡片里的故事。收到的这些珍贵的礼物，就是麒麟小学四年级二班小朋友们赶制出来的卡片（播放幻灯片：班级孩子们的真心祝福）。上面是全班小朋友对我的祝愿。

屏幕上看不清楚，我给大家读几个小朋友们做的卡片。

这是菲菲写的……

还有琪琪写的，她是科普游艺节我带的纸飞机小队的一个小队员……

朱静老师： 还有这一封，我来给大家读一读，是小宇写的……

张江涛家长： 当时读着童稚的语言，真心的祝福，幸福的回忆，未来的憧憬，听着床边儿子唧唧喳喳的声音，心里却五味杂陈，我使劲忍着自己的泪水，但眼前却是一片模糊。这么多可爱的小朋友，还有我的儿子，他本应该和其他小朋友一样，有着幸福的家庭，平静的学习环境，我却把一切都破坏掉了。我可以一死了之，但只能留下一个支离破碎的家庭，带给儿子永远不能挽回的创伤。我怎么能够放弃，又怎忍心放弃？

朱静老师： 是啊！我记得当时孩子们都想亲手把加油卡送给张叔叔，更加直接地表达自己的爱心，但是我知道那时小宇爸爸（小朋友称呼是张叔叔，所以改的一致）还在广州，并且需要安静休息，不方便探视（事实是他住重症监护病房，而且这样写和前面小宇闯进来并带了很多东西有矛盾），于是他们又想出一个好主意，用他们在六一儿童节合唱比赛中获得全校一等奖的那一支歌曲，来表达他们的心意——《我有一个好爸爸》。（播放视频）

张江涛家长： 这首歌，我在病房就听过很多次，直到今天，我再一次听到孩子们的这支歌，心里仍然有一种震颤的感觉。我记起儿子得肠胃炎时，我和他妈妈抱着他一路赶到医院的心焦，上幼儿园时因倔脾气被我打得身上留下的手掌印，我们一家在三亚海水中嬉戏的快乐，还有很多很多……如果我就这么放手，以后他病了，谁能送他去医院？他不听话了，谁来管他？又有谁能真心地陪他长大？当其他小朋友都牵着爸爸妈妈的手的时候，他可以找谁？孩子们的歌声对我来说无疑是迎头棒喝，我没有理由再继续颓废下去，我一定要尽我最大的努力活着，即便是废的，也许还能起到一些象征的意义。

朱静老师： 我真的没有想到，孩子们的爱心产生了如此巨大的效果。在孩子们心中播种爱的种子，它生根、发芽、开花、结果，来得这么热烈，真的是我始料未及的，它的力量是宏大的。接下来，不仅孩子们忙活起来了，家委会也忙开了，他们组织家长捐款，在经济上给予小宇爸爸许多帮助。

张江涛家长： 我是不幸的，却也是万幸的，有着医生的精心治疗，家人的不离不弃，有着麒麟小学老师们的亲切关怀，有着四（二）班的大朋友、小朋友的支持鼓励，我试着开始在病房走廊上扶着步行架锻炼了。心情的释怀，也肯定有助于病情的好转，一个礼拜后，持续了将近三周的高烧逐渐退下。再经过一段时间的治疗，我终于出院了，开始回家休养。

我心里逐渐敞亮起来，又开始了每天有规律的锻炼，从步行架，到双拐，从双拐到单拐，直到现在，大家也能看到，我已经可以慢慢自己走。

朱静老师：看到您现在的样子，我们真的很高兴。我很感动，不仅仅是感动小宇爸爸经历的一切，还有一个细节，我想和大家分享一下。我第一次去小宇家准备讲述这个故事的时候，小宇爸爸坐一会儿就要站起来走几圈，后来我才知道，小宇爸爸是不能够久坐的，而从我们讲故事开始到现在足足有一个多小时，他一直坚持着，真的让我们很感动，让我们再次用热烈的掌声为小宇爸爸的坚强鼓励一下。

爱，真的是很奇妙的东西，好像看不到，摸不着，却能给我们带来无穷无尽的力量。爱有的时候很大，有人说大爱无疆；爱有的时候又很小，藏在我们一个不经意的付出之中……

张江涛家长：出院后的一天，下午放学时突然开始下大雨，儿子上学时没带伞，老婆也上班去了。我那时还没有能力走出家门，无法给儿子送伞。我在家里非常着急，却只能眼睁睁地看着窗外的雨滴，心里特别痛恨自己的无能。已经5点多了，正在我坐立不安的时候，突然儿子回来了，身上没有湿，并且拿着一把伞。我很奇怪，原来是放学后，儿子没有伞走不了，就在走廊里做作业，被准备回家的数学老师看见了，就把自己的伞给了儿子，自己却和别的老师合用一把伞回家。谢谢你，谢谢你替我这个残废了的父亲为我儿子撑起一片爱的天空。

滴水之恩，当涌泉相报，但对于你们的爱，我无法偿还。也许我永远都不能像正常人一样生活了，但我会尽我最大的努力融入社会，相信有你们爱的陪伴，我还能再撷取人生风雨后的那抹彩虹，并以此作为对大家最大的感恩。

最后，再次感谢朱静老师、周苑青老师、白云鹏老师，还有麒麟小学四年级二班的 47 位小朋友以及他们的家长们，当然还要感谢南山实验学校麒麟小学部这个被浓浓的爱意包围着的大家庭。

朱静老师： 也谢谢你，谢谢你让我，也让我们的孩子们感受到了爱的能量，生命的意义。

主持人： 爱的力量真的很奇妙，爱唤醒了小宇爸爸的责任心，唤醒了他对生活的信心，爱让他重新站起来。医疗无法实现的奇迹，爱实现了。因为小宇爸爸知道，孩子需要他，妻子需要他，四（二）班需要他，社会需要他。这种力量不可阻挡。其实，今天小宇爸爸坐在这里都是勉强坚持，因为他的病情远比今天我们听到的要严重得多，现在我提议，所有的朋友们，让我们一起把今天全场最热烈的掌声送给这位可敬的父亲。

（四）结语

主持人： 朋友们，在我们感动的同时，可能此时大家都陷入了一种思考，当我们很多大人都在责怪80、90后的孩子们只知道关心自己，不懂得关心他人；只图玩乐，没有梦想和追求；只会考试，没有创新精神时，您是否想过，我们这些成年人又为孩子做了些什么？我不知道，在今天这些故事中，您听到了什么？又收获到了什么？下面我们想请现场的朋友来谈谈你们的感受。

战程老师： 感谢主持人，感谢台上台下这支爱的团队，感谢他们在今天下午，在现在有点喧嚣与浮躁，有点急功近利的社会当中，为我们带来一场心灵的洗礼。

刚才我在听小梁老师故事的时候，我一直在想，如果我是她成长中的一位师长，一个伙伴，我能不能成为她成长的一个推手，能不能用心坚持为她做点什么？当此刻，我们为台上许多真实的故事而心潮澎湃，甚至热泪盈眶的时候；明天，当我们的教育生活，又重归于一种比较平常，比较烦琐，甚至比较疲惫的时候，我们的教育行动能不能发生一点变化？

此刻，我想起一句话，这是上海市著名特级教师于漪老师，在她的自传《岁月如歌》中有这样一句话。她说：与其说我做了一辈子教师，不如说我一辈子都在学做教师。

学生代表： 刚刚听了老师们所讲的故事，我非常感动。我觉得自己能成为南山实验的学生特别幸运。

我是后转到南山实验学校的，在这几年的学习当中，我真真切切地感受到了，遇到了一位好校长和那么多好老师，我享受到了爱的8颗种子，体验到了每个老师不同的充满探究性的课程。

虽然就要毕业了，我们没有像台上3位同学一样，成为令人羡慕的小院士，但是我相信在我的同学当中未来也会有很多，可能成为科学家、画家或者是音乐家，因为这是学校和各位老师早已在我们心中种下的梦想的种子，这些种子迟早有一天会发芽、长大、开花、结果。最后衷心祝我们的母校越来越好，谢谢大家！

家长代表： 大家下午好，我是刚才那位小院士沈卓凡的爸爸。我叫沈华。非常感谢南山实验学校组织的这次活动。

我知道南山实验学校很棒。2002年，为了儿子能在南山实验学校上学，我就在麒麟花园买了房。我的公司在罗湖，9年时间每天来回70千米，接送儿子上学，9年时间里，我从未间断，也走了20万千米，就是为了儿子能在南山实验学校上学。

我的儿子今天为什么这么棒？我也认识他很多同学，我也知道南山实验学校，像我儿子一样很棒的学生很多。这是老师辛勤教育的结果，是"教育就是播种爱"结下的果实。我感谢南山实验学校，在我儿子开始弘扬他们梦想，在他向他自己的梦想奋进当中，给他很多很多的爱。

今天在这也有很多家长，我也想把我自己的想法和各位家长分享。就是给孩子更多的自由发展的空间，让他们在爱的世界里健康成长。我相信南山实验学校不仅仅能培养出像沈卓凡这样的小院士，以后肯定会培养出中国科学院的院士。谢谢大家。

李晓白（南山实验学校顾问）： 我女儿是南山实验学校的学生，我不是第一次来参加这个"教育就是播种爱"的系列节目，我今天听来还是特别感动，非常震撼。我就在想，当这个社会变得越来越功利，大家的心情都很浮躁的情况下，怎么就有人敢这样大张旗鼓地在一个单位宣传精神层面的东西，而且他非常有信心——这个东西对于一个团队的建设，对于这个单位是有效的。所以我就请了很多朋友来听，其中坐在八排戴眼镜的郭总，他是跨国公司的老总。他从上海专门坐飞机飞过来，听完了以后再飞回去。

今天我就讲一下我的三个体会。

在李校长"教育就是播种爱"的理念下，你们看看南山实验这个学校，它的人际关系变成了什么样？它的家长和老师的关系，家长和孩子的关系，老师与老师的关系，校长和老师的关系，那么和谐，那么亲切，像一家人一样。在这个工作岗位上，在这个单位工作将是多么美好的事情。这是我的第一个感受。

我的第二个感受，我就想说，看他们讲怎么培养小院士，怎么教孩子做科学实验，我有感而发，我专门针对钱老之问，在网上查了很多信息，我发现从中央的高层到下面的教授，很多反响，但是大部分都是提问题，没有一个答案是令人满意的。今天这个从娃娃抓起，这种给孩子一个开放性的课题，然后，老师陪伴孩子一起本着严谨的，科学求实的精神，我想这是对钱老之问最好的答案。

刚刚听了很多故事，我看大家都流泪了，这是非常感人的。我就在想，一所学校，如果把它比作一个企业的话，企业要生产好的产品，学校就要培养好的人。我们大家可以想象，南山实验学校培养出来的这些孩子，多么有爱心，多么善良，多么大气。这样的人，他们一批一批地走向社会，走向我们国家，走向世界，这个国家将变得多么和谐，这个世界将变得更加和平。谢谢大家！

王萍（深圳"市民文化大讲堂"编导）：我要在这里做一个简短的发言。我是深圳市民中心文化大讲堂的编导，以前在电视里为我们李先启校长播出过文化大讲堂的讲座，也叫"教育就是播种爱"，今天再一次知道"教育就是播种爱"的选题，让我对这一句话有了更深一层的理解，我觉得李校长您又超前了。把这样有意义的一些人和事，在这样的一个环境里放大给更多的人看，榜样的力量是无穷的，李校长，在这样一个庆典的时刻，我向您致敬。我知道了什么叫教育工作者，更知道什么叫教育家。

主持人： 时间关系，我们的互动只能先到这里，相信思考一定会在大家心中延续。感谢大家的参与，同时感谢朱老师和小宇爸爸。谢谢！

李校长提出"教育就是播种爱"，爱人、爱大自然、爱学习、爱梦想、爱生命、爱真善美的时候，作为教育者，我们最希望看到的到底是什么？是在这样的教育理念下，培养出一批批有爱心的孩子。我们把爱的种子在他们心中种植，这些种子会在孩子心中生根、发芽、开花，他们再把这种爱心带出校园，带出城市，带出国门，带到全世界。我们每一个人都在为亲手缔造一个和平而美好的世界贡献着，我们很自豪。

在我们今天这个讲述会即将结束的时候，我们要献上一份神秘礼物，这份礼物很厚重，因为它凝聚着麒麟小学每一位老师的爱心，它带着一份特殊的感情与您见面。孩子们，把礼物推上来，掌声有请李校长揭晓神秘礼物。

李校长，这是一本大书。李校长，让我们一起推开它。这是一颗大大的爱心，外边是我们麒麟小学所有老师在您理念的影响下，创造并发现的教育教学中的爱的故事。里边是您十年来参与麒麟小学教育教学活动，留下的爱的足迹。让我们看两张。

李校长，您还记得这张吗，十年前，麒麟小学刚刚建校，当时条件非常简陋，您在三楼平台上为麒麟小学第一次升旗讲话。还记得当时的情景吗？让我们一起来回忆一下。（放录像）

李校长，您抱起的那个可爱的小姑娘，她长大了，您知道她现在在哪吗？

（章禾同学上台，手捧花环，说："李校长，我是章禾，是那个您曾经抱过的小姑娘，今天我想抱抱您，可以吗？李校长，虽然我已长大，但小时候那一幕，我经常会想起，每次想起我都觉得很自豪，我很崇拜您，因为您是位了不起的校长。我现在在深圳高级中学读高二，在南山实验学习的 9 年，我得到了太多的爱，也让我拥有了自信。我会努力学习，将来像您一样，做个好校长，让我的学生也为我自豪。请允许我为您献上美丽的花环，祝您永远幸福、健康、快乐！"）

李校长，送给章禾一句话吧！

李校长： 谢谢章禾，母校相信你，母校等着你实现梦想的好消息。谢谢！

主持人： 李校长，这一张，是2009年，麒麟小学被评为南山区首批科技教育先进学校，第二年，又被评为深圳首批素质教育科技特色学校。十年来，麒麟小学的成长倾注了您太多的心血和关怀，倾注了各位领导太多的心血和帮助，离不开麒麟团队的努力拼搏，这两张照片见证了麒麟十年的飞跃发展。李校长，此时此刻，您最想说些什么？

李校长： 十年，可以说是弹指一挥间。麒麟小学部，就好像刚才那位小朋友一样，从一个6岁的小女孩子，渐渐长成了一个花季少女，美丽又智慧。

每一个校长都有梦想，办学的过程中，我对我的学校有很多的期许和梦想。我梦想过我的学校的艺术团要走向国际舞台，后来我们的艺术团6次代表中华人民共和国出访欧洲、非洲、亚洲等十多个国家参加艺术节。

我曾梦想，学校要有一个管弦乐团，这个梦想在麒麟中学实现了。

我曾梦想，在语文教学方面，一、二年级的孩子能在四五十分钟之内，不假思索就可以完成一篇文章。

我也梦想集团内有一所学校，这所学校的孩子们不仅仅为了升学学好语文、数学、英语这三门主科就好了，而是从小就要喜欢科学，对科学着迷。麒麟小学就是这样一所学校。去年，在深圳市素质教育特色学校评比中脱颖而出，被评为科技特色学校。今年，深圳市将从这60所特色学校中打造18所全市最有特色的学校，麒麟小学也有幸被推选，我相信我们一定会成功。

现在，麒麟小学的科技特色闻名全国，我们看到了孩子们的成长，同时也看到了老师的成长。我相信，麒麟小学是未来中国科学家的摇篮，现在是"少年院士"，他们将来会成为真正的院士。

我们华人有人得过诺贝尔奖，但在中国本土，到现在为止还没有一个人得过科学的诺贝尔奖，这是中国人的梦想。我们教育工作者当然希望获得诺贝尔奖的科学家能尽快在我们中国的土地上出现。我隐隐约约感觉到，也许将来能在麒麟小学部诞生（热烈掌声）。

我感谢麒麟小学部的张桂萍部长、张祖志副部长以及所有的老师。我们辛勤打造的这所颇具科学特色的学校，同时也把这所学校打造成一所充满爱心、充满智慧、充满激情的一所学校。我也感谢家长，感谢孩子们，你们对学校的支持。我相信今天的"爱的讲述"，会让我们变得更和谐，让我们的心变得更温暖，更柔软。谢谢大家！

主持人： 谢谢李校长，谢谢李校长对我们麒麟小学寄予的厚望。让我们在场的所有小朋友，每一位老师，各位家长朋友，伸出您的双手，让我们用热烈而持久的掌声表达我们麒麟人心中的信心和努力。

请我们各位大朋友学会爱的艺术，请所有的小朋友放飞爱的梦想，让我们所有的人一同积蓄爱的力量，相信我们南山实验的明天会更好。

爱·成长

——鼎太小学部爱的故事讲述会

时间：2011 年 12 月 25 日下午 3:00

地点：深圳蛇口风华大剧院

参加人员：特邀嘉宾、教师、学生和全体家长一千六百多人

主持人：郭立立

（视频：《手牵手》MV，由鼎太 80 后教师展示的亲切温暖的师生互动画面）

花开花谢又是季节的转移，我们将要面对未来的分离。

请你牢记这段记忆，朋友我永远祝福你。

人生一定有起落，但请不要伤心。

我会在你身边，给你最多的鼓励，做什么都愿意。

把我们的手牵在一起，用青春的手来写奇迹。

把我们的心放在一起，共同渡过风和雨。

主持人： 各位领导、各位老师以及在场的所有嘉宾朋友们，大家下午好！相信刚才的视频感染了在场的许多人。短片里，孩子们温暖的笑脸有如初春的花朵一般纤尘不染，老师们亲切的眼神有如深秋的潭水一般宁静从容……这一切，都让我们深切地感受到：爱在这里的每一个角落流淌。它浸润着每一颗求知若渴的心灵，它滋养着每一个小心翼翼绽放的梦想，它守护着每一个悄悄萌芽的信仰！

我相信大家也都注意到了一件事情，短片里的每一位老师都特别年轻、 充满朝气。 是的， 刚才大家看到的都是我们鼎太 80 后的年轻教师。 提到 80 后， 很多时候我们联想到的大多是自私、 冷漠、玩世不恭这样的负面词语， 甚至还有人给 80 后冠以垮掉的一代、 麻木的一代……诸如此类的负面称号。 那么， 80 后果真如此吗？ 我想， 大家不妨随我们一道走进鼎太的校园， 走近这里的 80 后。 这片热土上的 80 后也许会让您重新审视这样一代人。

（一） 他们的故事

主持人： 三位老师好！ 咱们先来认识一下他们， 先请三位老师用自己的家乡话给大家打个招呼好吗？

田海卫老师： 大家好，我叫田海卫，我来自鼎太，是一名科学老师。

王晨老师： 大家好，我叫王晨，是一名语文老师兼班主任。

张陆老师： 大家好，我叫张陆，今年 24 岁，至今未婚。

主持人： 大家听出来他们是哪里人了吗？

观众： 陕西人。

主持人： 没错儿， 这三位老师都来自陕西。 那么， 当这样一群粗犷豪爽、 不拘小节的北方男人， 遭遇了一群稚嫩懵懂、 不谙世事的南方孩童时， 会碰撞出怎样的火花， 怎样的故事呢？ 我相信大家跟我一样充满了好奇。 那么， 我们就有请田海卫老师率先给大家讲讲吧。

田海卫老师： 从事教育事业已经快满 6 年了。6 年来，自以为默默耕耘，循循善诱，自己在学生心中是一个幽默风趣、和蔼可亲的老师，但 2008 年冬天发生的那件事却令我一直难以忘却，它时常警醒我，在儿童教育中要多用爱心来呵护童真。

记得那是 2008 年的 12 月份，大家都知道 12 月份的深圳，没有鹅毛大雪，没有寒风彻骨，但潮湿阴冷的天气却最容易让人感冒。那一天去三年二班上课，许多学生都感冒了。教室里孩子们的咳嗽声和喷嚏声接连不断，甚至有些孩子可能都发烧了，脸红红的，看到这样的情景，我很着急，忍不住小声说了一声："有点儿来苏水消消毒就好了。"

主持人： 田老师，我们在医院里常常会闻到的那种特殊气味就是来苏水的味道？

田海卫老师： 是的，来苏水是医院的一种消毒药水，看到这么多孩子感冒，当时就想如果有来苏水给教室消消毒可能会好点。

第二天下午，依然是三年级二班的科学课。由于一点事耽误了时间，上课铃响了，我才一路小跑赶到教室。这时，我发现一个叫小曾的孩子手里提着一个大塑料袋，里面装满了液体，一见到我，跑过来兴奋地对我喊道："田老师，田老师，给你，来苏水来了。"

"从哪里弄来的?"我当时感到非常惊喜，甚至有些兴奋。

"是从我家的饮水机上灌的，全是纯净水。"小曾自豪地说。

话音一落，全班同学哄堂大笑。这个小曾，以前经常在课堂上闹笑话，这次又要搞恶作剧了。我生气了，几步走到他跟前，把他手中装水的塑料袋扔进了垃圾桶。这时，我意识到耽误的时间太多，开始上课。

主持人： 田老师，因为你也教我们班科学，孩子们都说你是一个亲切随和的老师，都特别喜欢你。但这次在这件事情上的处理方式好像不太符合你的风格?

田海卫老师： 的确处理得不太恰当。这个小曾，以前常在课堂上做些恶作剧引发大家笑，这次本来时间就耽搁了，我以为他又在搞恶作剧了，就生气了，所以才有了这次不冷静的处理方式。

下课了，由于我忙着开会，便把这件事淡忘了。晚上，我的手机响了起来。是小曾妈妈打来的，她在电话里说："我今天放学接我们家小曾回家的时候听他同学说他又在课堂上搞恶作剧挨批评了，对不起，田老师，又给您添麻烦了，不过我们家小曾真的非常喜欢上科学课，昨天中午他回到家里很高兴，还在饮水机边用塑料袋接水，说要带到学校去。还问我，用塑料袋装的水不就是'塑水'。我很奇怪，以为是你让他们准备的实验材料就没有多问。田老师真是不好意思，没想到他是要搞恶作剧，我今天已经教育了他，让他明天给您道歉。"接完小曾妈妈的电话，我猛然想起下午的"来苏水事件"，我恍然大悟，对啊，来苏水? 用塑料袋装水？（语气加重缓慢）对于一个 9 岁的孩子来说，二者之间完全可以产生关联。回想起当时的一幕幕，我突然感到很难过，因为我的急促和草率，无意中挫伤了一颗纯真的童心。在心里，我开始责备自己。

说起小曾，他平时经常在课堂上捣蛋，但并不总是故意的，相反他还是一个积极动脑，非常喜欢科学的孩子。记得他的语文老师跟我说过小曾在作文里写他最喜欢的课就是科学课，最喜欢的老师就是我，他的科学老师。不然我的随口一句："要是有点来苏水消消毒就好了"怎么会被他记在心里。他不但记在心里还动了脑筋，搞了创造发明。他肯定为他的发现高兴得不得了，可是令小曾没想到的是，他的好意一下子就被我扔出了教室，扔进了垃圾桶。这对小曾来说是多大的伤害啊。我记得我们李校长曾说过：要让一个孩子喜欢一门课，首先得让他喜欢上这门课的老师。而我今天在课堂这么草率的处理小曾的塑料袋，还能让他继续喜欢我，喜欢科学课吗？如果因为我今天的草率而让小曾对科学失去兴趣，那我这个科学老师就太不称职了，甚至可恶了。想到这里，我更加自责起来。不行，我得想办法挽回，哪怕花再大的力气也不惜。

第二天早晨，我一大早就来到了学校，看到顽皮的小曾已经在教室外玩耍了。我快速走过去，他一看到我，很明显地缺少了以往的活泼与亲近。

主持人： 看来，孩子还是很在意这件事情的。

田海卫老师： 我也意识到了，就赶紧走过去用胳膊揽过了他的肩膀，真诚地说："对不起，小曾，昨天的事情，老师错怪你了，但是，来苏水不是用塑料袋装水。它是医院里的一种药水，班里感冒的同学多，老师想用它来消消毒。老师诚恳地向你道歉，你能接受吗？"

这时，孩子的小脸上也渐渐露出了笑容，他不好意思地抚摸着脑袋，小声说："没关系，田老师，我看着你着急，就想帮帮咱班的同学们，可我不懂啥叫来苏水。"

当时我的心里有种莫名的感动，当天的科学课上我当着全班同学又向小曾表示了歉意，并且表扬了他的这种探索精神，然后给全班同学详细讲述了来苏水的组成及功能，同学们听得很仔细，尤其是小曾。作为科学老师，我觉得不仅仅是传授给学生科学知识，更重要的是发现、呵护，保持学生这种对未知世界的探索精神。

过了几天，家长又给我打电话了，让我没想到的是小曾的妈妈在电话里感谢我，说没想到我一个老师能轻易给小孩子当面道歉，他们家小曾现在对科学更感兴趣了，谢谢我让他们家小曾对科学一直保持浓厚的兴趣。

随后的几个月，这件事一直萦绕在我的心头，让我深深地自责。在我们的生活和学习中，孩子们的语言、行为往往会超乎我们的想象，甚至会出格、惹祸。这就需要我们老师善于剖璞见玉，善待童真。

主持人： 田老师说得真好！我想我们每位老师也许都应该反思一下，我们除了让孩子们在我们的课堂上像文学家、数学家、科学家、艺术家……我们是否也应该允许我们的孩子更像孩子？我想，作为老师，我们应该时刻谨记：呵护每一颗纯真的童心，就是在呵护每一个纯真的生命。当然，我们也切不可因为儿童在生活形态上还未完全独立，知识体系上还未构建完整，就忽略了他们在人格上其实是独立的、完整的。作为老师，我们必须把孩子当成一个具有独立和完整人格的人来对待、尊重，这样孩子才会反过来尊重和信任我们。这一点，值得我们每一位老师深思。

我想，一个老师要懂得尊重童心，首先自己就需要具备一颗童心。据我所知，王晨老师就是这样一个老师。他幽默诙谐，在与孩子们的相处中就像一个童心未泯的大男孩！是这样吗，王老师？

王晨老师： 呵呵，应该是吧，我想和孩子们在一起久了，自然而然就有一颗童心了吧。而且拥有一颗童心是每一位老师和孩子交流的必备桥梁吧。

还记得那是二年级上半学期的一个早上，第三节体育课刚上课，我正在办公室准备第四节的语文课，和孩子们交上来的生字本较着劲儿，这时突然有个高年级的男孩子来办公室找我，面色焦急地说："王老师，你们班的一个男生在厕所叫您过去。"我就纳闷怎么回事，因为这种情况不多，一般要么是忘带纸了，要么就是受伤生病的大事。想到这里，就赶紧拿着卫生纸冲向了厕所。刚进去就听到厕所中间的一个隔间内传来了非常微弱的声音："王老师，我在这。"隔间的门一打开，一股臭气扑面而来，顿时熏得我想扭头就走。再一看他，满脸通红，想要遮掩一下当时的尴尬却无奈肚子疼痛难忍，泪水还挂在脸庞，看来是实在不得已才求助于我。看着那个孩子委屈的表情，我强自镇定下来。心想：这么难堪的时候谁愿意让外人看见，孩子能在第一时间想到我，说明是对我的信任啊，要是我也对他避而远之，恐怕这个孩子就没人帮了。于是我装作毫不在意的样子，开始给他边脱下脏衣服边跟他说："没事，没事，拉肚子没有生命危险的，不用怕！"

主持人： 呵呵，王老师还挺幽默的。

王晨老师： 其实说这句话就是让他不要太尴尬。正当我给这个孩子收拾时，有几个班上的捣蛋鬼不知怎么得到消息，一个个在厕所外捂着鼻子探头探脑。这个孩子难过地低下了头，脸一下红到了耳根，我赶紧将这个孩子拉到身旁，略带威严的大声呵斥那几个围观的孩子，然后一边给他拿卫生纸，一边给他家人打电话，趁着现在还在上课，我去办公室找来几件军训时剩下的衣裤和两卷卫生纸来到厕所，看到那个孩子仍然不知所措地站在原地，好像犯了什么重大的错误一样低垂着头。我一边将他的脏衣服换下来，一边用卫生纸沾着水给他擦拭，看得出孩子知道自己给老师找了个大麻烦，还有刚才同学们对他的嘲笑已经让他很难过。他心里可能在想：这下完了，刚才同学们在门口看到他的丑态，也许他拉肚子的事已经传遍全班了。擦拭干净的孩子果然有些不敢出去，看他那委屈的样子，我便蹲下来随意地和他聊起了"老师小时候的糗事"。他默默地站在那，注意力分散的他也不再流泪了。当我讲到自己小学时因为上课贪嘴偷吃零食，被老师罚站了一上午，吓得厕所都没敢去，生生尿裤子了时。他吃惊地抬起头对我说："老师也有过这样的时候啊？"我笑着说："当然了，你和我比差远了。你知道后来怎样了吗？"他不解地看着我。"最后害怕老师生气，我都不敢说，直到放学，老师同学们看到从我裤脚滴下来的一摊水才明白教室里突然多了的那股难闻的味道原来是怎么回事。"这时的他，眼中的泪花早已被惊奇所代替，我笑着摸了摸他的小脑袋，边安慰他边带他回到了办公室。

主持人： 大家可别小看了尿裤子这回事。心理研究表明，尿裤子给孩子带来的羞耻感可直接导致儿童缺乏自信心、处世能力差、恐惧集体生活，个别严重者甚至出现自闭、偏执等精神障碍，对孩子的一生都可能产生难以消除的影响。

王晨老师： 是啊，到了办公室，他仍然紧紧抓住我的手，一点也不放松，躲闪着周围老师的目光，好像大家都在刻意看他似的。我知道他还没有走出刚才的难堪，于是我又讲了一个故事："有一次下课了和大家去操场打篮球，结果由于那天穿的不是运动裤，在和同学争抢篮板的时候一使劲，就听见"噗嗤"一声响，大家都皱着眉头看着我，还以为我紧张得放了个屁，结果我不好意思地低下头时，发现自己的裤子给扯了，于是赶紧跑回教室，和老师请了假回家换裤子。"听到这里那孩子奇怪地问："那老师你的裤子烂了大家没发现吗？你怎么敢从学校走回家去，一路上不被人笑死吗？"我神秘一笑，心想这小家伙上套了，他现在有点忘了自己拉肚子的事了。"我这么聪明怎么会没有好办法呢？"我得意地说道："我用书包挡着裤子后面烂了的地方，慢慢走回家去了，谁都没发现路上走过的是一个穿开裆裤的中学生。"话音刚落，他就破涕为笑了。"老师你真厉害！"

这时第四节课的上课铃敲响了，我准备带着他回去上课。可就在班级门口他使劲拉了我一下，红着脸怎么也不肯进去。这时我才发现班上的同学们有点异常，预备铃响了还在"嗡嗡"说话。窗户、后门都挤满了小脑袋，似笑非笑地看着我和他。时不时传来两声："快看，拉肚子回来啦！"我紧了紧握着的小手，蹲下来对他说："孩子，愿意和王老师一起进去吗？"看着他那对大眼睛渐渐泛红，小手紧紧地攥住了我，我便满意地对他笑了笑，坚定地走进了班里。回到班上，我刻意将这个话题与全班同学们交流起来，大家一起说说小时候的糗事，有自己走路撞到电线杆的，有抓小猫反而被小猫抓的，有晚上连续尿两次床的，还有把鞋子穿反上了一天学的……太多了，大家你一言我一语都在讲，气氛一下活跃了起来，我能看出那个孩子也不那么尴尬难受了。

主持人： 王老师，一边听，我就一边在想，你说的尿裤子和撕破裤子这两个故事都是真的吗？

王晨老师： 第一个故事是真的，第二个故事……说实话，我是为了安慰孩子瞎掰的。

主持人： 呵呵，我还以为王老师的童年真的这么坎坷呢。

王晨老师： 其实讲第二个故事就是让他知道，他那点糗事不算什么。回头我想起这件事来，还是有一定压力的，当时我说出我自己的糗事，会不会降低我在孩子心中的威信，后来我发现我多虑了，许多连爸爸妈妈都不知道的小秘密，却悄悄告诉了我。

主持人： 看来这次事情，不光帮助孩子消除了尿裤子的顾虑，还给王老师带来了意外的收获。

王晨老师： 是啊。也许正像我们李校长说的："爱孩子，会爱孩子，让孩子感受到爱。"当我们拿出一颗真心、一种细致时，会发现教育原来这么简单。当我们站在孩子的立场考虑一下时，会发现沟通可以这么顺畅。

主持人： 感谢王晨老师的分享！其实，作为老师，我相信我们都曾经为了孩子们做过很多很多。在他们迷茫时，充当拨开他们心灵迷雾的人；在他们沮丧时，充当扬起他们希望风帆的人；在他们惶恐时，充当安抚他们内心不安的人；在他们浮躁时，充当沉淀他们心灵的人……但有时，我们需要做的也许仅仅只是俯下身告诉他：孩子，我也曾经像你一样的长大。

张陆老师： 主持人说得没错儿，有的时候，我们只需要告诉孩子们——我也曾经像你一样的长大；而有的时候，我们或许还需要陪伴、引领甚至参与孩子的成长。

那是 2008 年 4 月份，经过了近一学期实习，我成了鼎太部三年级两个班的数学老师，并兼任三年级一班的副班主任。

也许是因为目前小学里的老师大部分是女老师的原因，我刚到班上，发现孩子们看到我的表情是既好奇又有点儿兴奋的，特别是男孩都很喜欢我。在课间的时候甚至会趁我不注意猛地一下把我抱起来，很多孩子就以这种方式让我了解了他们，我也很喜欢这群小家伙。在我和孩子们的交往中，我发现一班有个叫苏炯升的男孩子总是和我保持着一段距离，在其他孩子和我套近乎亲近的时候，他总是离得远远的，偶尔我们俩眼神碰撞到一起的时候，苏炯升要么瞬间满脸通红冲我害羞似的笑一下然后低着头，要么就故意迅速离开我的视线。这不由得使我对他很好奇。

于是在课堂上，我会经常关注到苏炯升，时不时会让他起来回答问题。结果我发现只要请他回答问题，他总是低着头站在那里，不说会，也不说不会，就是涨红着脸甚至连脖子都是红的，看到一个男孩子课堂上扭扭捏捏的，我当时的确有些生气，我觉得男孩子就应该有阳刚之气。回到办公室坐在椅子上眼前还时不时浮现着他的"小红脸"，我就在想到底是什么原因呢？是我这个新老师课讲得不好，还是我哪里伤害到了他？思来想去我打算找班主任李老师了解一下这个孩子的情况。

原来，就在苏炯升刚出生后没多久，他的爸爸妈妈就离婚了，苏炯升一直和妈妈生活在一起，妈妈很忙，很少有时间和孩子交流沟通，但李老师也谈到孩子在其他课堂上的表现并不是像我观察到的这样。我听完李老师的介绍后就更感觉到奇怪，这孩子为什么仅在我的课上会如此表现呢？是数学学习上有困难，还是我的态度令他拘谨？我觉得作为一个男老师，我有责任让他变得比较豁达开朗，比较有阳刚之气。

主持人： 说到阳刚之气，我们都知道，在小学校园里，男教师所占的比例远远低于女教师，这样在很大程度上导致了男孩的女性化问题，男孩往往表现得过于阴柔。张老师作为一名刚走上工作岗位的老师，能有这样一份意识，一份责任感，实属不易！

张陆老师： 主持人过奖了。有了这样一个想法后，我打算主动找孩子谈一谈，放学的时候我就对孩子说"你到办公室等我，张老师找你聊聊天"。我送完路队回办公室的路上心里还在嘀咕"他会不会在我办公室等我，不会一声不吭回家了吧"，不过令我感到惊喜的是我一进办公室就看见苏炯升已经在我办公桌旁等着我了，坐下来后我便咧着嘴冲他笑着，问道："最近功课能听懂吗？作业会不会做？有什么需要张老师帮忙的？"没想到的是，当时我的问题还没问完他的脸又红了。在我与他谈话的过程中，他一直低着头一言不发，看得出他很急于结束这次谈话，我们第一次的"聊天"就这样草草收场了。

主持人： 这次的聊天估计让张老师特别受挫吧？

张陆老师： 是啊，他走后我是既失望又苦闷，孩子和我的沟通障碍会不会和他的单亲家庭之间有什么关系呢？对于生于80后还未成家的我来说，真是觉得束手无策。所以，我决定约孩子的妈妈一起聊聊。见到孩子的妈妈我知道了，苏炯升从小就是外婆、姨妈带，极少得到男性的关爱。

主持人： 张老师，一路听下来，我相信很多观众和我一样都产生了一个疑问：孩子的父亲呢？他只是与孩子的母亲分开了，但为什么似乎他在孩子的成长中也没有起到什么作用呢？

张陆老师： 的确是这样的。我从孩子妈妈那里了解到，孩子的父母离婚后，孩子的父亲就再也没来看过孩子。

主持人： 在这里，我们找到了这样一组数据，我们不妨一起来看一看：通过我们近6年来的五千多例有心理问题的青少年病例研究，发现这些青少年中，所有孩子均有不同程度的父爱缺失，在青少年心理问题发生的相关因素中排第一位。父爱的缺失可能影响孩子自我性别认知、自信心的建立、人际交往能力的形成……

张陆老师： 是啊，所以看到儿子成长过程中遇到的这些问题，孩子的妈妈也感到很伤心，她的话语中流露出极大的愧疚，她甚至觉得自己对不起孩子，亏欠了孩子。

主持人： 可以想象，一位母亲将会因此多么焦虑和难过。

张陆老师： 的确。不过，令我感到惊讶的是孩子的妈妈跟我讲，让她感到高兴的是在孩子成长的关键期遇到了我这样一位男老师，所以她希望我能再找孩子谈谈，她相信我一定能够帮到他。想想苏炯升，无论是在家里还是在学校，孩子接触到的大多都是女性，现在和我这样一个陌生的成年男性近距离接触，他的紧张、羞涩、恐惧、排斥是难免的。

于是我尝试再次走近他，这次我并没有和他聊他的家庭及学习，而是讲起了我的故事，从我小学讲起，讲了我的家庭，我的父母，我发现他最感兴趣的是我的大学生活，他听着听着突然问道："张老师，你为什么要当老师？"我当时心里非常激动，教了这个孩子一个多月了，这是他第一次开口跟我说话。我当时告诉他："因为我的爸爸就是一位老师，我是受了他的影响才做了老师的。"这时我忽然意识到，我从小就有着完整的家庭，父亲对我的影响极大。而这个孩子渴望却得不到父爱，我便决定一定要帮他找回心灵缺失的另一面。

那次交谈之后，他有了一种主动接近我的愿望，从他课堂上回答问题后憋得通红的小脸上也看得出他在努力克服心理上的障碍，努力要超越自己。从此，课堂上我们有了眼神的交流；课下，我们有了言语沟通，可以说是无话不谈。通过了解和观察，发现他课余时间喜欢打篮球，我就在下班后或双休日带着他一起玩篮球。一个学期下来，我们这对师生成了最好的朋友，也记不清从什么时候起，我们俩已经很自然地开始了谈话，不，确切地说应该是"男人和男人间的谈话"。

在他得知我买了一辆越野自行车后，一个周五他便主动约我："张老师，周六早上咱们一起骑自行车去锻炼身体好吗？"从他当时的眼神中看得出他很渴望能与我有这样单独相处的机会，我便痛快答应了。周六一大早他就在学校门口等着我了，那天早上我们俩骑着自行车去了红树林，一路上虽然我们交流得不多，但是偶尔我看他一眼时他便会乐呵呵地冲我笑笑，还时不时和我一起谈论我的越野自行车，看得出他对我的越野自行车非常感兴趣，于是回来的路上我提出他骑我的越野自行车，我骑他的儿童自行车。很久以后，我才从他妈妈口中得知苏炯升为了能和我一起骑自行车，他从家里翻出了已经沉睡多年的小自行车，自己在家修了修，擦洗干净，为我们骑自行车锻炼身体做了充足的准备。

主持人： 这孩子真可爱，从这些举动看得出来，他特别期待与你多相处。张老师，像这样周末和学生一起玩儿的时候多吗？

张陆老师： 挺多的。

主持人： 说实话，累吗？

张陆老师： 说不累吧，是假的。其实我们学校的老师在周末陪着孩子出去进行各种活动的很多，像田老师、王老师都是这样的。所以我做的这点事情真的不值得一提，但是，我想说的是对于这个孩子，当我知道他的家庭情况之后，我如果能对他的健康成长能有所帮助的话，我觉得自己做什么都值得。

后来还发生了一件让我非常感动的事情，记得有一个周末的中午，因为我当时是住在学校宿舍的，正当我在办公室时，门被推开了，原来是苏炯升，只见他满头大汗乐呵呵的，手里端着两个白色的饭盒，满脸通红地说："张老师，我知道你是北方人，我和妈妈专门做了凉面给你送过来，你先尝尝好不好吃？"其实那时我刚刚吃过午饭，不是很饿。可是又想想拒绝可能会伤害到这个原本不善于向他人表达情感的孩子。于是我就大口地吃完了一盒，可是这时孩子还是目不转睛地看着我说："老师你把这盒也吃了吧？"说实话一碗下肚挺饱的了，可想想这是孩子亲手做的，大热天这么老远专门送过来，我就一口气吃了个干净。

主持人： 其实，有时想想，当老师虽然累了点儿，清贫了点儿，但有的时候真的挺幸福。

张陆老师： 是啊，尤其是孩子在我们手上一天天成长起来，平安健康，这个时候的我们，更幸福！

主持人： 我想在场的所有人都想知道，孩子现在怎么样？

张陆老师： 在这里我很高兴地告诉大家，苏炯升现在与人沟通变得落落大方，记得上学期，班级活动中，他两次主动要求在全体家长和同学面前演讲，记得他演讲的题目是《掌声响起来》。

主持人： 我这里找到了孩子当时演讲的视频，让我们一起来欣赏一下孩子在那次演讲中的表现吧。

（视频：苏炯升演讲《掌声响起来》）

孩子那次的演讲挺成功的吧？

张陆老师： 苏炯升积极的互动、自信的状态和精彩的演说得到了家长和同学们极高的评价，他还被评为了我们班感动班级的十大人物。

最后，我想说的是，孩子虽然刚刚小学毕业，他要走的路还很长，但是看到他现在与人交往时热情、自信的状态，我相信今后的苏炯升一定会飞得更高，飞得更远。

主持人： 刚才在张老师讲述这个故事的过程中，我留意到观众席里有一位观众格外激动，我相信对于这一切，她是最有感触的人。她就是苏炯升同学的妈妈。

首先，我想我必须表达我们对你的钦佩，作为一名女性，您独自撑起了整个家庭，十分坚强。您和孩子的父亲很早便分开了，是吗？

苏炯升妈妈： 苏炯升三个月的时候，我和他的生父就因为很特殊的原因离婚了。离婚后，孩子的父亲就再没来看过他。

主持人： 我们可以想象，作为一名单身母亲，凭借自己的力量，独自抚养了孩子 12 年，这其中经历了怎样的艰辛，太不容易了。那么，关于孩子人际交往方面的问题，在生活中、家庭里有所表现吗？

苏炯升妈妈： 这个问题说起来真的很纠结。孩子在家人面前还好，但是只要一到外面，就胆怯、退缩。记得小区有一次放电影，两三岁的小男孩小女孩全都往前挤，他就远远地站在后面，看不到也不敢吭声，不敢动。还有一次，小区举办奥运会知识抢答赛，那时他已经 8 岁了，依旧躲在后面不敢去抢答。看着别的孩子那么张扬活泼，我的孩子躲在后面，我很着急。我鼓励他，没用；威胁他，也没用。后来有一年，我又在暑假把他送到了一个口才训练班，想看看能否让他自信点。结果一个假期下来，还是老样子。

主持人： 看来作为母亲，您是能想的办法都想了。那么，您发现孩子最大的一次变化，是从什么时候或者什么事情之后开始的？

苏炯升妈妈： 记得有一次去旅游，到了晚上，苏炯升突然找到我说很想跟小张老师一起住。当时看得出来他不敢去问，可是又特别期待、渴望。于是我让他自己跟小张老师去说，没想到小张老师爽快地热情接纳了他，让他和自己睡一张床。从此，苏炯升更坚定了小张老师是自己的亲人，好像有了一种强大的精神力量，慢慢地变得自信和勇敢起来。我也真诚地感激年轻阳光的张老师，弥补了我的孩子缺失的那份爱。

主持人： 看来，无论是孩子还是您，都十分信任我们的老师。感谢您的信任，也感谢您愿意接受采访，您的确就如此前李老师、张老师所谈到的那样，是一个阳光、积极的母亲。我们也祝福您在未来的日子里收获幸福。

（小朋友为苏炯升妈妈送上祝福的鲜花）

在当今社会尤其是深圳这样一座繁华都市，单亲家庭的问题日益严重。亲情在疏离，孩子们获得的爱在缺失。我相信，在我们的学校，在每个班级都存在不少这样的情况。而我们每一位老师都为此做了大量工作，尽可能地去减少家庭破碎给孩子们所带来的伤害。张陆老师作为一名 80 后年轻老师，在孩子的成长中尽可能地去弥补着那些缺失的爱。不仅如此，他还用自身的人格力量来帮助孩子塑造勇敢、坚强、自信、独立的人格。我想，这对于这个孩子的一生都起到了至关重要的作用。我们无法去拷问那些淡漠了的亲情，但请允许我们向这样的老师们致以最深的敬意。

感谢今天这三位男老师，感谢他们精彩的故事。从他们的故事里，我们看到了一个个睿智大气幽默诙谐的男老师，有担当有责任的男老师。谢谢你们！

（二） 晚熟的果子

主持人： 如果说男教师的爱有如敦厚质朴的顽石，女教师的爱则有如温润细腻的碧玉；男教师的爱有如铿锵雄浑的交响曲，女教师的爱则有如婉转绵长的小调；男教师的爱有如轻松诙谐的小品文，女教师的爱则有如娓娓道来的散文诗……接下来，我们将要请出的就是鼎太部的一位年轻的女教师——伍莉老师。

伍莉老师看起来弱不禁风，但是大家也许无法想象在这样一个单薄的身体里却蕴藏着巨大的力量。5年来，伍老师面对的也许是我们学校最特殊的一个孩子。

伍莉老师： 说起小宇这个孩子，心情还是蛮沉重的。一方面，无论我们怎么竭尽全力，在他和正常孩子之间总有一道不可逾越的沟壑；同时，对于小宇的家庭而言，伴随他成长，是一条常人难以想象的艰辛之路。

我还记得他刚刚报名面试时的情境。胖墩墩的他，力气特别大。一进教室就到处乱跑，谁都拽不住，又哭又闹，竟然还爬到了窗台上。

后来把他带到办公室单独见面，情形也很失控。一进办公室就翻桌上的东西，甚至把东西掀到地上。妈妈哄他，完全没有用；爸爸呵斥他，也不奏效。他就在办公室冲来冲去。他还抓着郭老师办公桌上的鲜花，把花瓣一片一片撕了下来，撒落一地。

正式开学之后，很长一段时间他一进教室就要往外跑，像是受到了严重的威胁一样，想尽办法要逃掉。可见平平常常的教室、活泼可爱的同学以及对他特别温和的老师们，在他的世界里却是难以接受的。

我当时也很疑惑，不知道这个孩子到底怎么了，他明显不是一般的淘气。小宇家人一开始一直告诉我说医生诊断孩子是多动症。我当时半信半疑，直觉不是这么回事。

我记得有一次语文课上，小宇突然跑到讲台上拉着我说："天上有乌云，有乌云会下雨。"我当时想，他肯定是被外面变化的天气吸引了，想起了一些之前学到的知识。愿意交流挺好的，但我也不能停下课来，因为当时别的孩子都很诧异，不知道他要干什么。所以我就安抚他："小宇知道的真多，不过咱们先上课，下课后老师和你聊聊这个事情。"他坐回了自己的位置。不过没过几分钟他又上来了，指着外面说："天上有乌云，有乌云就会下雨。"好像完全忘了刚才发生了什么事情，又重复了一遍。我又安抚他坐好。可没过几分钟又上来了。就这样一整节课他来来回回十来趟反复重复的都是这样一句话。下课也是，我跟他仔细聊过之后，他好像什么都没有听进去，只要见到我就会重复这句话。我觉得这个不是多动的表现，他更像是生活在自己的世界里。

主持人： 小宇的情况如此特殊，作为老师如何对他开展教育教学工作呢？

伍莉老师： 小宇的学习方式的确和别的孩子很不一样。很长一段时间，他是游离于课堂之外。偶尔参与课堂学习，他会显得格格不入。

他的学习成长不像一般孩子那么自然。别的孩子能够在环境中自然而然习得并理解的事情，小宇需要一件事情、一件事情地学习，而且每一件事情学习的难度都比同伴艰难得多。

主持人： 比如说呢？

伍莉老师： 就说举手回答问题这种课堂规则的学习。一开始，小宇在课堂上只要举手，老师就必须叫他，不然他就会大吵大闹，甚至会跑到讲台上去推老师。我们一遍遍地告诉他，不是一举手老师就会叫到你的，别的同学也想发言。很长一段时间没有什么改善。

我仔细分析小宇的思维方式和别的孩子是不一样的。他刚开始的那种急躁是源于内心的失控感。他的逻辑非常简单——他认为发言要举手，举手就要发言。老师明明说举手发言，我举手又不叫我，他就不知所措了。他没有办法理解我们都能理解的约定俗成的一些东西。

主持人： 可是如果每次都叫他，势必是对别的学生的不公平，同时也是对他的这种行为的纵容；可如果不叫他，显然他完全无法接受，同时他的过激行为也将影响课堂秩序。那究竟该怎么做呢？

伍莉老师： 后来就把这件事情分成更细的阶段去做——用整整一个月的时间告诉小宇，你上课举手，老师第一次不会叫你，但第二次一定会叫你。并且在课堂上兑现诺言，每次都在他第二次举手后叫他。这样之后他真的不会在第一次举手的时候那么急躁了。经过了整整一周每一节课的坚持训练，我又告诉他，你上课举手啊，老师要第三次的时候才叫你，然后真的整整一周坚持每节课在第三次就叫他。他一试真的是这样，也安心了，能够更有耐心地等待。到了第三周，我告诉他，你举手啊，老师有可能第二次叫你，也有可能第三次叫你。他果然比以前更有耐心地等待了。到了第四周，我们再告诉他，你举手的时候有时候会叫你，有时候不会叫你。经过此前整整四周坚持不懈训练，他终于能理解了。

主持人： 在今天听到这个小片段之前，我相信所有人都没有想到，仅仅是举手回答问题这样一个简单的行为，伍老师都花了如此多的心血，精心安排巧妙设计，太不容易了。可是和他相处最多的可能是同学，面对一群同样稚嫩的同学，恐怕会遇到更多的困难吧？

伍莉老师： 当时和小朋友相处也是这样，比如，他要借用别人的东西，他不会用交际语言的。他直接就去拿，面对同学愕然的表情他没有什么感觉。他还觉得理所应该：我要用啊，所以我要拿啊。甚至有时候他会突然冒出一些危险动作来——用尖锐物吓唬人，突然攻击人。

我当时其实挺着急。一年级的孩子，本身的行为习惯、自控力都急待培养，现在班级还出现这样失控的状况。其他家长的担心也越来越多，这个时候陆陆续续家长也会提出说这样的孩子应该送去特殊学校。

主持人： 家长们的心情也是可以理解的，可这个时候作为老师该怎么处理呢？

伍莉老师： 当时我找到了那部分有情绪的家长，认真地和他们谈了谈我的想法。首先，我希望他们能够理解小宇父母的艰辛，他们将要面对的也许是永远不会有尽头的路。作为旁人的我们也许无法帮助他们承担，但至少不应该再给这个不幸的家庭雪上加霜了。同时我让家长们看到我们其他孩子在这个过程中其实也能学会包容和善待周围的人。最后我很坚定地告诉家长们："一个班级虽然有四十多个孩子，可是这里每一个孩子对于他的家庭而言都是唯一的，是不可替代的希望。而且对于我来说也是唯一的，也是不可替代的。作为一个老师我是绝对不会放弃我的任何一个孩子！"

主持人： 我想，能够超越血缘、超越功利、超越一切最真实的本能去爱去付出的或许也只有老师了。

伍莉老师： 谢谢！其实，虽然家长的工作做通了，但是当时我的压力依然特别大，每次看到孩子们端端正正地坐着，无底线地等待小宇冷静下来的神情，我心里也很难受。所以我特别着急，希望能尽快找到方法，能尽快帮助小宇改变现状。于是，我和家长商量寻求专业机构的帮助。

主持人： 据我所知，你们曾不止一次请来各个方面的专家？

伍莉老师： 一开始做了很多努力，但很多专家的描述和孩子的现状不是很切合。直到遇到香港一个机构的老师。她来到教室观察孩子的状况，并听取老师描述了之前孩子的一些表现，确认孩子是典型的亚斯伯格症儿童。

主持人： 亚斯伯格症？这个名词我们很少听说。

伍莉老师：（结合 PPT 解释）对，它不是一种常规医学上的疾病，其实是一种影响人大脑处理信息方式的状态。有亚斯伯格症意味着大脑只能处理简单的字面信息，但不会处理那些人们交往中约定俗成的潜在意义或情感，同时伴随着焦虑、易怒、偏执等情绪。

主持人： 那么，什么原因会导致患上亚斯伯格症呢？

伍莉老师： 找不出原因，它是与生俱来的，而且要等到年龄稍大些的时候才会被人注意到。

主持人： 亚斯伯格症最终能被治愈吗？

伍莉老师： 亚斯伯格症会伴随一生。随着年龄的增长，亚斯伯格症的人的交往能力可以改善，也可能越来越难以相处。所以他成长的环境就特别重要。

主持人： 那认识到了孩子的这种特殊情况之后，老师有没有找到更好的方式来帮助他？

伍莉老师： 的确，专家们对这一类孩子的研究，给我和孩子家长带来一些更好地理解孩子的途径，也对我们之前的做法给予了肯定。我们对教育这个孩子更有信心了。

不过在这个过程当中也引发了一些值得深思的问题。和专家不同的是，我们老师不仅要面对特殊儿童的个例，更重要的是要面对整个班级的孩子，要让这个特殊孩子在平常的环境中正常地生活。环境不可能像教科书一样，每一个亚斯伯格症的孩子也不同。专家没有办法告诉老师们如何营造一个适合的环境。

主持人： 专家对这一类的孩子的确有非常深入和科学的研究，但实际上孩子的成长更重要的可能还是他和同伴的相处。据我们了解，许多亚斯伯格症的孩子在学校学习生活中都特别不容易，会遭遇排斥、不公平待遇甚至是歧视。所以老师协调特殊孩子和其他孩子之间的关系，应该是比专家的特殊教育更重要的工作。

伍莉老师： 郭老师说得特别对。这种协调不仅是对小宇，对其他孩子也尤为重要。一个集体当中有了弱势群体的存在，往乐观方向讲，我们可以让别的孩子更善良、宽容，更懂得承担责任。但同时我最担心的是，弱势孩子的存在很可能诱发欺负弱者的现象。他们毕竟是太小的孩子。

低年级的时候，我会特别引导孩子们善良、宽容、热心帮助别人。当孩子们小的时候，老师的这种导向是很容易产生效果的。

我记得那个时候，只要表扬、加星或者给个大拇指，孩子就特别高兴，就会真的坚持做得很好。孩子们当时的单纯、积极常常会给我们成年人许多感动，我们班的孩子比我期待的更懂事。甚至有的孩子还用特别合适的儿童方式来帮助小宇。

主持人： 儿童的方式？

伍莉老师： 是的，儿童的方式。有一次上体育活动课，小宇完全没有意识要找小朋友玩。所以他就躺在室内操场的大厅里。我跟他说要找小朋友一起玩，他说起来太累了，还是躺着舒服。这个时候小唐倩就趴在他身边，悄悄地跟他说："小宇，我们来玩游戏，我跑你追我，看你能不能追上我。"说完就假装跑了起来，小宇一下子就被吸引了，然后爬起来就追了上去。小唐倩用很稚嫩的声音给他讲游戏规则。当时小宇脸上开心的笑容，和小唐倩闪亮的眼睛，还有当时的阳光，这个场景一直都深深地留在我的心里。每次回想起这个画面，我就感觉特别幸福，好像看到自己的孩子特别相爱懂事的样子。

主持人： 伍老师到此刻描述起这个场景时，脸上依旧会闪烁出动人的神采，当时是不是感到特别欣慰？

伍莉老师： 的确特别欣慰，说实在的，有时候我也会觉得很累，很无助，看到其他孩子这么善解人意，特别欣慰。

到现在，孩子们很多时候充当着我的协助者的角色，而且他们的协助是那么自然得体。一次运动会上，小宇参加 50 米跑步比赛，当小宇站在起跑线上的时候，张俊廷马上反应过来，说："老师我得赶紧去终点接小宇，不然会出事。"我还没来得及交代他怎么做，他就跑过去了。枪声响了，小宇的速度很慢，还跑偏了跑道，果然跑的是倒数第一。我远远地看到他很生气，冲上去想攻击裁判。张俊廷跑到了他面前，一把拉住了他，捧着他的脸对他说了几句什么话，他马上就冷静下来了。然后我看到张俊廷牵着他的手，带他往回走，一边还拍着他的肩膀说些什么。到了班级看台，小宇看见我就拉着我说："我真没用，我跑步最慢了，我是最后一名。"张俊廷马上就拉着他说："没有了，你进步了，跑得很好。你上次第七名，这次第六名。"我说是啊，进步了就是最棒的。张俊廷又说："你再练习一下，明年就可以得第五名了，你要加油练啊！"接下来，小宇依旧过几分钟就会重复地说自己很没用，然后张俊廷又会很有耐心地安慰他一番，直到他把这个事情完全接受为止。

主持人： 你知道吗，伍老师？我觉得你最值得骄傲的一件事就是你们班的孩子在你的耳濡目染下，不仅学会了友善对待小宇，甚至很多时候还表现得有如心理医生一般专业，这一点太了不起了。

伍莉老师： 孩子们的确做得很好，这让我感到特别欣慰。但从另一个角度来讲，孩子们在帮助小宇的同时也能学会很多东西，也在建立自己的价值。

主持人： 其实我是知道的，小宇的情况经常是很反复的，情绪的波动性也很强。所以让孩子无限期、无底线地去包容他，也是不太现实的。

伍莉老师： 的确，随着孩子们成长，问题会层出不穷。

我记得四年级的时候，孩子们交朋友的方式进一步发展。孩子会根据自己的喜好和个别人建立特别亲密的伙伴关系。小宇也有这种需求，他不仅需要对他好的同学，同时也需要特别要好的朋友。但是由于他的交往障碍，他没有交到知心好朋友，所以那段时间他特别急躁。他会去找他喜欢的小朋友示好，但当得不到他想要的回应的时候他就会发脾气。终于有一天矛盾的积累引发了冲突。

当时是美术课，班上有个小朋友叫周碧涵，一直以来很照顾他。他对周碧涵说："我喜欢你，你也喜欢我吧。"周碧涵当时可能是不好意思，怕大家笑话，就不耐烦地说："哎呀，别说了，我不喜欢你。"这个时候小宇就生气了，在课堂上大闹，而且骂周碧涵，骂得很难听。周围同学就看不过去了，周碧涵对他这么好，他还骂人家。都过来数落小宇，为周碧涵打抱不平。这个时候小宇就成了众矢之的，他的情绪也越发地失控。

上课的老师就让班干部把小宇带到我那里冷静，并把情况告诉了我。小宇当时在我办公室特别难过，哭得很伤心，可嘴里同时也还在骂周碧涵。我当时想，这个事情小宇肯定有不对的地方，周碧涵生气，我可以理解，但别的孩子不能跟着起哄啊。所以我也有些生气，觉得孩子做得不好，得教育一下。于是我跟送小宇来的孩子说，你跟同学说一下，下了课之后马上回班级教室，我有重要的话要讲。

我安抚了小宇，把他带到教室，其他孩子也在教室里等我了。可当我走进教室，我所有的生气的情绪全部消失了。因为在孩子们的脸上没有丝毫任性的愤怒，而是满脸诚恳的委屈，还有的孩子在哭。我当时特别心疼，作为一个成年人，我也时常觉得特别累，特别无助、压抑，更何况一群十来岁的孩子呢？他们承担得太多了。我当时就想，如果再说让他们宽容的话，太苍白无力了。孩子们也大了，这些年来也确实付出太多，同时他们也开始有了自己的想法了。仅仅是宽容不够，还需要理解，并用更理性的方式去处理，而不是一味地忍让承担或者是生气。我必须了解他们最真实的想法，并缓解他们的压力。

我跟孩子们说：孩子们，你们今天是不是觉得特别委屈啊？

孩子的眼睛里闪现一点不解，他们原以为我要教训他们。

我接着说：说实话，我有时候也觉得特别累。可是，每次听到别的老师夸你们懂事、宽容、了不起，所有的辛苦都化作欣慰。谢谢你们，一直以来你们都做得很好。今天咱们班发生了很不愉快的事情，事情既然已经发生了，我们就一起解决吧。首先我很想听听大家的心里话。

有个孩子举起手来，说：周碧涵平时对他最好了，他还骂人。我平时对他挺好的，他要生起气来他也骂我。所以我们才骂他的。

我接着说：大家是不是也这么想的？今天大家都这么生气去责备他，是不是还有别的原因？

这个时候很多孩子就举起手，有一个孩子站起来一边流泪一边说：老师，我觉得不公平，所有老师对小宇都特别偏心。你看宋老师，每次考试都会特别照顾他，会跟监考老师打招呼，说小宇有点急躁，如果闹脾气要安慰他，要鼓励他继续答题。要是我们考试的时候还闹脾气一定不让考了。还有科学老师，还经常会送给他一些科学用具。有些不教我们的老师也都很喜欢他，总是找他说话，有时还给他好吃的……我都有点嫉妒，所以不太喜欢他。

我也不太喜欢小宇，他有时候不讲卫生，他很爱出汗，他常常喜欢把身上的汗抹下来甩到我们身上。

他说话时靠得太近，我觉得不礼貌。

他吃东西时太快了，显得有点粗鲁。

……

等孩子们把不满都说得差不多了，我说：大家能够说出最真实的感受真好，老师也更能理解你们了。

有些话一直以来我都没有把握要不要给你们讲，但我想现在是时候了。一直以来大家可能隐隐约约能感觉到，小宇和你们不太一样。我转过身对着小宇又说："小宇，每个人都很特别，你也是。今天大家对你有误会，你想不想大家更了解你，把误会解除啊?"小宇说想。

我接着对孩子们说，那好，我今天就把你们当做大朋友一样，把小宇的一些情况给你们说一说。

孩子们，生活中有些东西是可以改变的，有些东西是改变不了的。我们要有力量去改变那些可以改变的事情，要有勇气去接受那些改变不了的事情，同时最重要的是，我们要有分辨两者区别的智慧。

最后，我趁机又鼓励了一番我们的孩子：你们真了不起，你们虽然小，但从你们的眼神中我看出来，你们已经开始学着分辨了。你们一定会成为很有智慧的人。

我们现场有很多观众朋友，在这里我也特别想呼吁，如果您身边也有这样的孩子，请您带着您的孩子一起试着接纳他们。这个世界不是完美的，即使我们健康的孩子本身也存在不完美。学会接受这个世界的不完美，学会接受同伴的不完美，学会接受自己的不完美，这也是人生非常重要的课程。

主持人：伍老师说得真好！有的时候，我们无法否认，上帝并不总是公平的。有的人也许生来就带着上帝因为疏忽而烙下的特殊的印记。那就需要我们有一颗悲悯之心去宽容、呵护这样的孩子。可是再想想这个故事，我们又会觉得上帝也许依旧是公平的，因为他给了孩子那么无私的父母，那么善良的同学，尤其值得一提的是他还给了孩子一位心中有大爱的老师，是你们弥补了他人生中的缺憾。而如果，在座的每一位观众以及能够听到这个故事的每一位观众，都能去接纳、善待这样一个孩子，那么，我想我们完美了的不仅仅是这个孩子的人生，更重要的是我们也完美了自己的灵魂。

听了这么多关于小宇的故事，相信每一位善良的观众都最想了解，现在的小宇成长得怎么样了？我们这里有一段孩子的录音，我们一起来听一听。

（大家好，我是小宇，今年11岁了，我在南山实验学校上学。我生活在一个充满爱的世界里。我得到的爱很多很多，都说不完。我相信只要有爱，就会有我丰收的一天。妈妈说我是树上的一颗晚熟的果子，到时总会成熟。我也坚信我将来一定会很美好，因为这世界给了我太多太多的爱……）

主持人： 虽然孩子的语言很质朴，但听得出来，孩子能感觉到周围暖暖的爱意，他是幸福的。

伍莉老师： 虽然教育小宇的这条路漫长而艰辛，而且将来的结果谁也没有办法预见。可是孩子一点一点的进步却给了我们最大的鼓励。我想即使小宇长大了，或许他还是不同于周围的人，但是在我们的呵护和教育下，他能以自己最好的姿态生活，这就是最好的结果。我们也深信有爱，就会有奇迹。

主持人： 伍莉老师此刻以如此平静的方式讲完了这个故事，也许大家都从这样一个故事里看到了她惊人的教育智慧。但作为她工作上的伙伴、生活中的朋友，也许只有她身边最亲近的人才知道在这5年里，她曾经历了怎样的艰辛甚至是痛苦。我想，我们无法否认，有些爱也会是沉重的，但这也恰恰是一个平凡老师的伟大之处：痛着，却依旧爱着。我相信，在这样一位老师爱的护佑下，每一个黯淡的生命都有可能熠熠生辉。让我们再一次为伍莉老师的执著与坚守致以最热烈的掌声。

大家也许都留意到了，今天为我们讲述的4位老师都十分年轻。都说80后是垮掉的一代，然而在鼎太一个又一个刚刚走出象牙塔、走上工作岗位的年轻老师身上，我们没有看到自私冷漠，没有看到玩世不恭，没有看到急功近利。相反，在李校长"教育就是播种爱"的理念浸润下，我们看到了令人惊讶的宽容与智慧，令人感慨的奉献与付出，令人肃然起敬的坚守与执著。

老师们的故事深深地震撼着我们，这份爱的奇迹是属于每一个南山实验人的。在此，我想我们必须感谢我们南山实验的领路人——李先启校长。现在，就让我们用最热烈的掌声请出我们尊敬的李校长。

李先启校长： 尊敬的各位家长，各位老师以及亲爱的小朋友，今天是圣诞节，人类纪年今年是2011年。纪年是怎么来的？据说耶稣诞辰的那年就是公元第一年。也就是说，耶稣已经诞生2011年了。耶稣的诞生日是 12 月 25 日，所以今天是圣诞节。西方都在欢度圣诞节。我想，我们在这里度过的这个圣诞节更有意义。

今天天气比较冷，但是在这个爱的氛围里，我感到非常温暖，非常感动。在感动中我们享受，享受爱的温暖和幸福。提到耶稣，大家会想到基督教，知道基督教的教义可以用几个字来概括吗？三个字：信、望、爱！"信"就是相信的信，信任的信。"望"就是盼望和希望，也可以理解为梦想。"爱"就是我们理解的人与人之间这种爱。《圣经·多林哥书》里还讲："爱是最大的。"影响中国文化最大的人物是谁？是孔子。孔子的思想，可以用两个字来概括，一个字是"仁"，第二是"恕"。"仁"是什么？孔子说："仁者爱人。"很多人去烧香拜佛。如果我问你："佛教可以用两个字来概括，你知道吗？"那两个字就是"慈悲"。很多人敬奉观音菩萨，"大慈大悲的观世音大士"。什么是大慈？大慈就是热爱众生。什么是大悲？就是拯救受苦受难的人。有人把儒家也称为儒教。他们具有共同的核心价值是什么？（是爱）对，是"爱"。我们提出"教育就是播种爱"这个理念，就是让我们的孩子和老师在心田种下爱的 8 颗种子。特别是"要热爱每一个孩子，会爱每一个孩子，要让每一个孩子都感受到爱"。热爱每一个孩子是个古老的话题，任何一个搞教育的老师也好，校长也好，都能讲。但是"会爱"是一门艺术，"会"不"会"爱，是一门艰深的学问。

80 后的老师在没有接触之前，我们是持怀疑态度的。但是今天从他们讲故事中可以看出，他们真正学会了爱。这一代新的教师群体，在南山实验学校鼎太部成长得非常好，在某种情况下比我们这一代成长得更好。比如伍莉老师，当初她刚来的时候是个风华正茂的大学生。6 年多来的辛苦付出，今天我们看到她多多少少有些憔悴。我有些心疼她，但是我非常高兴地看到她的成长。把故事中的她换成一个老教师，即便是换成我，也不一定比她做得好。她基本上成了"亚斯伯格症"的专家。假如她没有遇到这样的孩子，可能永远不知道亚斯伯格症，永远都不知道如何去爱这样的孩子。伍莉老师和她班上四十多位同学，有了和患亚斯伯格症 5 年多的小宇不平凡的经历，让他们懂得了去关心人，去爱护人，同情弱者，他们一定是终身幸福的。我在这里要为我们鼎太社区的，特别是和这些身体或心理有点疾患的孩子同班的那些家长，说声谢谢！谢谢你们！谢谢你们的宽容，也谢谢你们的爱心！

鼎太小学地处深圳未来30年建设的中心——前海深港高端服务区。我们在座的各位家长，还有在座的孩子们，在未来30年是深圳历史舞台上的主人。

我谢谢各位老师，也谢谢易伟湘部长、张旭副部长以及各位为我们打造的这支非常好的教师队伍。

主持人： 感谢李校长，请允许我代表我们鼎太全体师生向您深深地鞠上一躬。这深深的一躬，既是感谢您刚才令人振奋的讲话，也是感谢您17年来为了南山实验所奉献的热血与青春！同时，我们鼎太的全体老师也有我们最诚挚的祝福想要送给您！

（易伟湘部长代表鼎太部送上全体教师的祝福）

此刻，我们爱的述说已临近尾声，但我们对爱的思索不会结束。一位哲学家曾说过：天空收容每一片云彩，不论其美丑，故天空广阔无比；大海收容每一朵浪花，不论其清浊，故大海浩瀚无比。我想，在这所学校，在我们鼎太部，每一位老师都有着比天空还要浩瀚高远的教育梦想，都有着如同大海一般博大宽广的教育胸怀。正是因为这梦想、这胸怀，让智慧启迪了蒙昧，让阳光驱散了阴霾，让宽容释怀了狭隘，让坚守圆满了缺憾。也许我们都是平凡的人，可当我们将心中的爱去牵起一份又一份的爱时，平凡也能因而变得伟大。

（音乐响起，80后教师与小朋友们一起表演《手牵手》）

作为一所年轻的学校，正如初升的太阳一般盛放出蓬勃的生命力。80后的年轻教师们在迅速成长起来的同时，不会忘记这样一群人：他们有着厚重的生活阅历和人生积淀，他们有着丰富的教学经验与教育智慧，而更重要的是，他们毫无保留地将这一切教给了年轻甚至青涩的我们。让我们有请他们。

感谢今天在场的每一位嘉宾朋友们用心的聆听，我们爱的讲述会到此结束。谢谢大家！

平凡岗位不平凡的爱

——文德公司爱的故事讲述会

时间：2010 年 7 月 4 日上午

地点：南山实验学校麒麟中学部多功能厅

参加人员：特邀嘉宾、公司全体员工、部分学生和家长代表。

主持人：齐云

主持人： 尊敬的各位领导、各位老师，亲爱的家长和同学们，大家好！难得有机会和大家探讨一个话题，那就是"爱"。

今天，我们来探讨"教育就是播种爱"的理念，不仅仅是说任课老师要爱自己的学生，还要告诉大家这是一个已经深入到我们南山实验学校所有教职员工心里的理念。

对任何一个成功的团队来说，后勤保障工作都是非常重要的。文德公司就是整个学校的后勤保障部门。许多年来，这个部门的员工默默无闻、勤勤恳恳地在自己的工作岗位上向老师和学生们奉献着他们的一份爱，我们有理由记住他们，也应该记住他们。

下面我们首先有请兼任了多年文德公司总经理的陈宝莲副校长来为我们介绍一下这个光荣的集体。

陈宝莲副校长： 文德公司成立于 2002 年，前身是学校师生服务部。现有 16 个班队，217 人。承担学校 5 个分部的后勤保障工作，包括给学生提供早餐、午餐午休服务以及供应全体教职员工的早餐、午餐，校园的绿化、清洁卫生工作，车队管理。在学校开展各项活动时，我们提供协助和保障服务。十多年来，食堂从未发生过食品安全问题，自从深圳市有了食堂等级评估之后，5所食堂全部被评为A级。校园的清洁、绿化工作，也得到了学校师生和家长的好评。我们公司在李校长的直接领导和各部的大力支持下开展工作，我们以李校长"教育就是播种爱"的理念为指导，制订了完善的规章制度。

我们的工作指导思想是遵循学校办学理念"教育就是播种爱"，把爱撒播到每个岗位，每位员工。对员工的要求是：为师生服务，为教学服务，为学校增光添彩。通过大会小会，给员工宣讲理念和规章制度。现在我们的员工在工作岗位上通过点点滴滴的努力，通过给师生提供优质伙食，优美的校园环境，一流的服务，来表达自己的爱心。公司取得的成绩，离不开李校长的指导思想。

今天相聚，来讲述大家在服务工作中的爱心故事，说明李校长的办学理念"教育就是播种爱"已经在我们公司生根、开花、结果。

主持人： 通过陈总经理的介绍，我们对文德公司有了初步了解。今天，就让我们一起来倾听这样一群多年来辛勤服务于我们大家的幕后英雄，讲述他们身边的凡人小事，通过这些平凡的人与事体会他们对孩子，对我们大家付出的爱心。

（一）爱是固执坚持，也是毅然"舍弃"

主持人： 什么年代了，围裙破了还要补？ 垃圾桶里还能捡出啥宝贝来？ 让我们首先分享仓管员刘雅乔的故事：《节约每一分钱》。

仓管员刘雅乔： 我是一名仓管员，心里时刻牢记公司领导的一句话："仓管工作要精打细算，要做好开源节流工作，把节省下来的钱用在师生的伙食上，来体现公司对学生的爱。"

在仓库管理这个工作岗位上，不知不觉已干了三年，回想这三年的时间里，有两件事至今使我难以忘怀。

一件是我给员工补围裙，也许是围裙的质量不够好，有个别员工穿的围裙坏得特别快，而且都有一个共同特点，新的围裙破了一个或两个洞，员工搞清洗时水就会渗透弄湿他们的衣服，员工来换围裙的时候，我就觉得这么新的围裙就报废了，真的很心痛。后来，我想了一个办法，用透明胶给员工补围裙，刚开始给员工补围裙时，大部分员工还是挺愿意配合的，但也有个别员工表现出难看的脸色。此时，我就会微笑地对他说："我保证让你穿得舒服，不会有渗水的现象，同时省下的钱用到学生伙食上，体现我们对学生的爱，多好呀！"就这样，员工们都很愿意配合我的工作。而且围裙稍有点渗水，他们就会主动拿到仓库来，和我一起共同把围裙补好。

还有一件事就是我在垃圾桶里检查洗洁精瓶，查看瓶子是否还有洗洁精没倒干净，如果没倒干净，我就会装在洗手池边的瓶子里或拿给搞清洗的员工使用，时间长了也能省上一瓶两瓶的。

但我开始去捡瓶子查看的时候，有个别员工投来异样的眼光，我心里想：节约每一分钱用在学生伙食上，就是体现对学生的爱，他现在不理解，但日后一定会理解的。就这样，我坚持查看了一段时间后，终于感动了员工，个别员工异样的眼神没有了，现在员工搞清洗时都会很自觉地倒完洗洁精后再装点清水洗涮，倒进清洗池里，才把瓶子扔到垃圾桶。

现在，每当我补围裙和查看洗洁精瓶时，心里感到挺欣慰的，有一种成就感，因为得到了同事们的认可，同时又节约了经费，节省下的每一分钱都用在了学生的伙食上。

主持人： 刘雅乔讲得好，做得更好。如今社会提倡科学发展观，节约是对环境的爱，节约的每一分钱都用在了改善学生的伙食上，就是对学生的爱。

我们每天吃的饭菜下锅之前要做哪些事？很多人认为，不就是洗洗涮涮嘛。其实，卫生食品部门对蔬菜清洗是有严格要求的：先摘菜，再清理，然后还要浸泡30分钟，并冲洗三遍，才能下锅。我们的食堂是否做到了呢？有请鼎太小学部食堂班长罗保松。

食堂班长罗保松： 这件事，还要从公司的一件官司说起。那是2009年5月13日，一名老员工在清洗蔬菜的时候，没有按规定浸泡30分钟，经炒菜师傅指出后，仍然不改，炒菜师傅只好自己将蔬菜倒回水池浸泡 30 分钟。她这样做，严重违反了卫生行政部门有关"预防食物中毒"的规定。

当时我真的很为难，她作为一名老员工，与我有多年的交情，是批评教育，下不为例呢，还是追究她的责任？如果追究她的责任，就意味着她将被公司解雇。倘若不加追究，万一有素质低的员工效仿起来……那食品安全不就成为一句空话了吗？怎么办？此时，我想起李校长曾经说过"民以食为天，食以安全为先"的话，安全是食堂工作的重中之重，对违反食品安全制度的行为，我们应该采取"零容忍"态度，只有给师生提供安全、卫生、优质的伙食，才能体现我们对师生的爱。想到这里，我毅然决定，请示公司领导，辞退了该员工。为此，公司还被该员工告到了劳动仲裁部门。尽管花费了我们很大精力去参加调解、协商、应诉等工作，最终，在 8 月 12 日，经南山区劳动仲裁，判我公司胜诉而结束。我虽然得罪了老员工、老熟人，但我对得起老师和孩子们，这个账，我算得清楚！

主持人：罗班长为了坚持原则，舍弃了人情，这是多强的责任心啊！有的时候爱是温柔的，有的时候爱是带火药味儿的。您要知道这是咋回事儿，请听仓管员王朝花的故事：《废纸堆里的鸡蛋》。

仓管员王朝花：那是 2008 年 10 月 30 日上午 10 点左右，因价格问题，我去找送菜员李某，正好看见李某和我们食堂固定收废品的王某在一起，他们正用垃圾袋盖住三轮车上的废纸皮，看到我，神色有些不自然，于是我问："你们在干什么？"她们回答的声音很小，我听不清楚，于是我心里就犯嘀咕，心想，今天纸皮才 50 斤，怎么会装了满满一车呢？我拿开垃圾袋一看，吓了一跳，在废纸皮当中有满满一箱鸡蛋。当时我就气坏了，"你给我把鸡蛋搬回食堂去。"我气呼呼地回到仓库，准备向食堂班长汇报。没想到李某尾随我来到仓库对我说："小王，求求你不要把这件事情告诉公司领导，如果公司领导知道这件事情我就完了。"接着他从口袋里拿出 100 元钱给我。我一看更生气了，说："你这是干什么？想收买我，门都没有。我是仓库管理员，制止偷盗、维护师生利益是我的职责。"我把李某赶出了仓库。

一箱鸡蛋 48.6 斤啊！一个人一个鸡蛋可分给 360 人吃，这可是学生家长交来的血汗钱买的鸡蛋。我随即将这件事汇报给公司领导。公司领导立即给那家公司打电话，将送菜员李某及收废品的王某赶出了校门。

主持人：作为一名仓库保管员，坚持原则，维护师生利益就是对师生奉献的爱心。

优质的服务，当然也离不开优美的校园环境，公司的勤务人员在自己平凡的岗位上默默无闻地奉献着他们的爱。但有时候，难免遇到一些烦心事，他们是如何处理这些烦心事呢？有请清洁员岳秀云阿姨讲述《卫生间里发生的故事》。

岳秀云阿姨：那是三年前的事了。当时孩子们的午休在宿舍四楼，午休结束后孩子们都要经过我做卫生的一楼卫生间。当我把外围的卫生扫完来到卫生间的时候，里面一片狼藉。孩子们把洗手液和去污粉搅到一起，用鸡毛掸子甩得到处都是，白乎乎的一片。一连三天都是这样，我心里真的挺生气，但是为了大家能有一个良好的卫生环境，我还是一遍遍地清扫。

到了周四的下午，我远远看见卫生间里有三个女生又开始忙起来，我走过去，轻声对她们说："你们这样做，对吗？"此时她们却说："不是我们。"其中一个小女孩还用鄙视我的目光看着我说："凭什么说是我们干的，不是就不是，看你能把我们怎么样。"我就说："我们学校是一个环境优美的学校，如果每一个使用卫生间的同学都这么做，那么其他同学又怎么能用这又脏又乱的卫生间呢？我们每一个同学都要爱护这优美的环境才对。阿姨也有做错事的时候，你们还小，做错事是难免的，知道错了，勇于承认改正错误才是好孩子。这些卫生用品是阿姨搞卫生用的，你们这样做，不仅把东西浪费了，也把地板、墙壁、门都搞得脏脏的，你们这么做，对吗？我们南山实验学校的孩子可个个都是优秀的，你们只要承认了错误就是优秀的孩子。"经过我耐心说服，她们终于低下了头，小声地说："阿姨对不起，我们错了。"

从此以后，孩子与我竟成了好朋友，每当看到我，她们就会跑到我跟前亲切地叫声阿姨您辛苦了，不但她们自己改变了，还带动其他同学，看到有些同学在追逐打闹，乱丢垃圾，她们就会上前制止，变得很懂事。

是啊！我们只要把爱的种子播下，就会带来意想不到的收获。

教师代表刘禅老师： 岳阿姨，请留步。大伙儿一定会觉得很奇怪，我怎么跑这儿来了？想不想知道？今天我是专程感谢岳阿姨来的，我是南头部的音乐老师，作为一名音乐教师自然是比较爱美，我喜欢每天都漂漂亮亮、神清气爽地来到学校跟孩子们相处，也喜欢在新装修的教室里摆放各色植物，（大屏幕：教室植物的照片）一来可以净化空气，美化环境，更重要的是希望孩子们在美的环境里感受美的熏陶，接受美的教育。可是我这个音乐老师对教室里摆放的四十多盆植物的照顾还真是力不从心，在一个偶然的机会里，我在三（三）班隔壁的洗手间里看到了几盆绿意盎然的盆景，就摆放在洗手液旁，窗台上，水龙头边，让人感到那么温馨，四下打听，原来是岳阿姨负责这一层的卫生，总是那么干净。找到阿姨一交流，我当时是想讨教怎么样让我的那些心爱的植物养得更漂亮？结果，岳阿姨非常爽快地说，刘老师，你别担心，以后你的花要是有什么问题，你就直接把花盆搬到洗手间的窗台上放着，我看到了之后就帮你打理。从此以后，只要我的花花草草有了问题，我就搬到洗手间的窗台上，没多久，也许就是在我下课时，刚打开门，就看到几盆生机勃勃的植物静静地摆放在教室门口的地上。叶，绿了；花，开了，就像岳阿姨那张略带羞涩的笑脸一样，让我感到那么温暖和幸福。谢谢你，岳阿姨。

主持人： 花开花落静悄悄，有爱心的人们总有收获。岳阿姨，您的工作得到老师和同学们的赞扬，这一刻你一定非常欣慰吧。真替你高兴。谢谢刘禅老师，谢谢岳阿姨！

（二）爱是无限深情，也是云淡风轻

主持人： 我在深圳生活了几年，在文德公司也工作了几年，让我感触最大的是：深圳有钱人多，孩子学习生活的条件太优越，大手大脚，浪费粮食的现象时有发生。怎样去引导孩子们，让我们共同分享保育老师刘秀华的故事：《一个小苹果的故事》。

刘秀华老师： 来到南山实验学校当保育老师已经三年了，今年接的新生都很可爱。可是慢慢地我发现，这个班级的孩子每天倒的剩饭菜都很多，或许是现在的孩子们家庭条件都很好，胃口特别挑剔了，几次提醒都没有成效。正好女儿从甘肃山区支教回来，带回来一个山里孩子们送给她的小苹果。小苹果是自家出产，模样不够好看，又小又干巴巴的。第二天中午，我就把这个小苹果带到了学校。"孩子们，你们看这是什么？"孩子们回答，"小苹果。""你们要不要吃啊？"孩子们皱起眉头，"好小的。""不要。""这个小苹果比起我们午睡后发的水果怎么样啊？""太差了。""孩子们，老师今天就给你们讲这个小苹果的故事。虽然这个苹果很丑，但是它是山里孩子们自己都舍不得吃的珍贵礼物，送给他们最喜爱的支教老师。刘老师的女儿到甘肃山区支教，临走时那里的孩子们都十分舍不得她，他们就把平时舍不得吃的小苹果送给老师，这是他们最珍贵的礼物。你们看，跟他相比，我们是多么幸福啊！"这时，班里的一个叫徐志远的小男孩说："我家也很困难，每次我都把饭菜吃完的。"我就顺势问他："为什么你每次都能吃完呢？"这个小男孩用稚嫩的声音说："老师讲过的'锄禾日当午，汗滴禾下土。谁知盘中餐，粒粒皆辛苦。'"这时我就说："大家知道这首诗的含义吗？"孩子们齐声说："知道！""那你们有美味的饭菜，还能有那么好的水果吃，一定要珍惜。以后还会浪费我们的饭菜吗？"或许这帮懵懂的孩子真的有所领悟吧，从那天以后我们班倒剩饭剩菜的还真是少了许多。

带了他们短短半年的时间，孩子们对我的感情却十分深厚。我生病请假了几天，再回来时，孩子们就围着我，"老师，好想你啊，你去哪里啦！""刘老师，我想你。"

在这里，我也想告诉所有的父母，我们要爱孩子，但是不要溺爱。我们在照顾他们生活的同时，要指出他们成长过程中的问题，要正确地引领他们，孩子们会理解我们的良苦用心，会更爱我们的。

主持人： 我们的保育老师既像母亲又是老师，他们爱孩子，会爱孩子，不光在生活上照顾孩子，同时在心灵上关爱孩子们。再次感谢刘老师！

孩子的感情是最真挚的，你拿他们当自己的孩子去爱，他们就会在感情上回报你。我们的保育老师和孩子们的接触只有每天中午两个小时的时间，但在这两个小时的时间里，老师们会遇到各种意外的情况。有请南小保育老师张梅讲述《孩子病了》。

张梅老师：记得有一天，同学们刚吃完午饭，有位女同学对我说："老师，我肚子疼。"我说："你先喝点热水，我给你爸爸打个电话，好吗？"电话打通后，她爸爸说："张老师，谢谢，我让她奶奶送点药过去。"我打完电话，就看见孩子去了洗手间，我赶紧跟过去一看，孩子在洗手间呕吐了，等她吐完，我先让她漱口，拿出纸巾帮她把嘴擦干净，问道："你好点没有？"她无力地说："还是有点疼。"过了一会儿，她奶奶把药送来了，她奶奶对我说："她经常这样，吃点药就好了，没事的。"此时，孩子一声不响地趴在课桌上，我给她把水倒好说："先吃点药吧。"当她抬起头，把我吓坏了，孩子的小脸苍白，头上直冒冷汗，我对她奶奶说："不行，一定得打电话让她爸爸来接走。"我赶紧给她爸爸打电话，告诉她孩子疼得厉害，需要去医院。她爸爸听完后说："好吧，我马上过来。"我放下电话，对她奶奶说："你拿着她的东西。"我立刻抱起孩子朝校医室走去，虽然她是一个二年级的孩子，但是她强壮的身体还是让我有点吃不消，平时觉得到校医室的路没有多远，今天却觉得这条路很漫长，快到校医室的时候，她爸爸赶来了，接过孩子说："谢谢你。"我说："不用谢，快去医院给孩子看病吧！"过了两天，孩子来上学，我问她："你好了没有？"她说："没事了。"听到孩子说没事了，我的心也放了下来。

因为我把每个孩子都当成自己的孩子一样关心、爱护，更希望每个孩子能够健康快乐地成长。我们既是爱的播种者，也是爱的守护者，我们要把"教育就是播种爱"的种子撒播到每个孩子的心中，让爱的种子在他们心中生根、发芽、开花和结果。

主持人：李梅老师看似瘦弱的身体，在爱的支持下，迸发出惊人的力量，有爱无所不能。

天气变化无常，孩子们中午睡觉，会不会受凉，会不会热到，是每一个家长所担心的。但如果你了解了我们的保育老师是如何爱孩子的，你的顾虑便烟消云散了。下面一起分享南头小学部保育老师李斯枚《爱的故事》。

李斯枚老师： 时间过得真快，转眼间我来到南山实验学校当保育老师已经有 8 年多了，每天能和孩子们朝夕相处，让我和孩子们有了一种难以割舍的爱。我热爱孩子们，孩子们也带给我太多感动，爱的故事每天都在发生。这么多年过去了，发生在我身边的一件事情至今令我难以忘怀。

记得那是 2003 年的冬天，当时我在中学部当保育老师。那天，天气突然变得格外寒冷，学生午休时，我按照常规挨个检查每个同学的被子是否盖好。当我看到有个女生在薄薄的被子里动来动去，总是睡不踏实，立刻感到孩子的被子真是太单薄了，这样睡下去，孩子很容易感冒，于是我不由自主地脱下棉衣轻轻地搭在她薄薄的被子上。没过多久，当我再次巡视到这个女生的窗前时，她已经进入了梦乡。起床后，她看到搭在她薄被上的棉衣时，走到我跟前，脸"刷"的一下子红了，不好意思地对我说："李老师，我有点懒，妈妈已经催我几次带一床厚被子来，我总是拖拖拉拉。不好意思，今天让您受凉了，我明天一定带一床厚被子来。"听完她的话，我笑着对她说："没有关系，你们每个学生就像我的孩子一样，看到你们受冷，老师心里不踏实。"这其实是任何一个做母亲的本能。我当时没有特别在意她说的话。过了几天，那个女生午休时走到我跟前对我说："李老师，我给你看一样东西。"然后放在我的手上，一本日记本，我有点不太相信地睁大了眼睛，真的是一本日记本，我有点惊讶，这可是初中女孩子最隐私的东西。当孩子们入睡后，我静静地坐在一旁，悄悄地打开了这本日记。在最近的一篇日记中写道："李老师，您知道吗？您就像我的妈妈一样，每天关心我，照顾我，甚至比我的妈妈还要细心。"她还写到由于家里有三个姐妹，在家里她老大，妈妈把大部分的时间和精力放在她两个还在上小学的妹妹身上，对她平时的生活学习情况过问的较少，反而感觉到我平时在生活上关心照顾她，在学习上也经常对她问长问短，总是觉得我特别亲切，跟我在一起心里感觉特别踏实，特别温暖，那天当面不好意思叫我妈妈，所以今天在日记中真诚地叫我一声妈妈。看到这里，我的眼眶湿润了，"妈妈"这个世界上最伟大、最神圣的称呼，发自孩子内心最深处对母亲的呼唤，也道出了对我深深的爱，浓浓的情，顿时一股暖流传遍全身。尽管当时外面的天气格外寒冷，但是此时此刻我的心里却备感温暖和幸福，因为，这一刻我感到自己不仅仅是一名保育老师，更是一位母亲，一位所有孩子的母亲。

主持人： 听了那么多员工讲述她们的故事，今天来了这么多学生、家长和老师，他们就是我们后勤团队所服务的对象，他们会有什么样的感受呢？我注意台下有一位特殊的家长，他既是家长，又是我们学校的高级教育顾问，他就是李晓白先生。有请李晓白先生。

李老师，您是我校的高级顾问，我刚才发现您在台下听得特别认真，不知道您对我们文德公司又有什么新的想法和建议？请李老师赐教。

李晓白先生： 很荣幸看到这么多平凡、朴实的人，听到一个个感动、真实的故事。我这个年龄的人听到这些故事，想到了一本日记"雷锋日记"。我觉得雷锋应该写日记，他不写日记我们全国人民怎么向雷锋学习呢？今天，我觉得这些员工非常应该把这些故事讲给大家听。听了他们的故事，我想先问问下面在座的各位家长、老师有什么话要讲？

学生家长代表： 作为一名学生家长，说实在的，我以前对文德公司的理解仅仅是他们对孩子午餐、午休时的照顾，为我们家长解除后顾之忧，使我们能安心工作。今天听了文德公司员工讲述爱的故事，我觉得我不仅仅放心，更多的是开心。因为我们的孩子在他们的照顾下，在他们把爱的种子播种到孩子们的心里后，孩子们长大以后，他们也会把爱传播到更多人的心里。你们的辛苦工作，我作为家长真心地说一句："谢谢你们！"

主持人： 谢谢家长对我们工作的理解和支持。学校摄影师熊老师也有一个故事和我们分享。

熊曾老师： 去年有一天，我到南头小学部前楼一楼的洗手间。学校一间普通的洗手间给我不一样的感觉。每一个格上都插满了各种植物，就像刚才刘禅老师讲的一样。一个普通的洗手间给我一种很新颖的感觉，我当时就拿了照相机把它拍了下来。我在想这个洗手间是谁在负责。通过连续几天的观察，我知道是岳阿姨在负责做这里的卫生。我见到岳阿姨问她，"岳阿姨，您这洗手间怎么这么漂亮？"她说："就是拣一些学生丢弃的废笔筒，喝过的饮料桶，搞点小植物插在里面，很漂亮。还经常有老师看上我的花花草草，我就让他们拿走，我再拣来，再插上。"我很感动，一件小小的事情，让我感觉"只要心中有爱，美就无处不在"。我把这个小故事发在我的博客里。就是一个普普通通的岗位，一位普普通通的人，做出了这样一件普普通通的事，却让我感受到了爱。

主持人： 我们做的事虽然平凡，但是能得到老师、家长的肯定，我们感到无比欣慰。

李晓白先生： 我的女儿李安平，曾经是南山实验学校的一名学生。她已经从南山实验学校毕业，去了加拿大读高中一年级。放暑假了，她昨天晚上回到深圳。今天她也来到现场。面对学校这么多老师，她又有什么样的感想？有请我的女儿李安平。

李安平同学： 在座的各位老师大家好！现在回到母校，看到亲爱的老师，我心里其实很温暖、很激动、很想扑上去，向每一位老师说一声"谢谢！您好！"下面我用一段演讲来表达一下我的心情。

在加拿大的每一天，我都戴着这个校牌（南山实验学校校牌）去上学，因为它在我心中代表着南山实验学校，也代表着南山实验人。把它放在身上，把它放在手边，更放在心上。就是怀着这种心情，我写下了这篇文章：光阴似箭，岁月如梭，转眼回到温哥华近两年了。这里的生活就像缓缓流淌的飞沙河水般波澜不惊。我似乎已经渐渐适应了这种平静的生活。无论是在中学获得学习优秀奖，还是考进国际大学预科班，都没有在我心中激起任何涟漪。许多来自祖国的移民，只有在说起那些过五关斩六将的事情时，才眉飞色舞。对南山实验学校的回忆，往往让我觉得有一种英雄气概在心中纵横。我知道自己能来加拿大学习是一件多么幸运的事情，许多同学甚至家长那么羡慕。可是又有谁能理解我要离开南山实验学校的痛苦，这里有我童年的回忆，漫步在铺满落叶的小径上，阳光通过紫荆花树的枝叶落在脚边，但同学们爽朗的笑声和老师亲切的教诲，才赋予这画面生命的色彩。

我在这样充实和温暖的爱里，度过了四年春秋，这四年中的三年我都是在南山实验学校南头部度过的。这三年的每一个中午，我都在学校生活老师的关爱下度过。在这里，老师们刚刚给我们讲述了很多生动的小故事，这也勾起了我许多童年的回忆，给我印象最深的就是您李斯枚老师。当时我们都是一群小屁孩，中午的时候有谁愿意好好吃饭，有谁愿意好好睡觉，我们给您添麻烦了。我还记得当李老师看我们中午不好好吃饭，被惹急了，叉着腰大声说："男生不听话，女生也不听话。一班不睡觉，二班不睡觉，真是气死我了！"现在想想，那时候我们不懂事，谢谢老师您的教诲。

李老师，我手上的这朵花献给您，也献给文德公司的每一位员工，也代表我的父母谢谢你们！

主持人：李斯枚老师也深深沉醉在与孩子相逢的喜悦中。

李斯枚老师：你们都是我的孩子，这么多年来，我一直记得你们这些可爱的孩子。今天早上，我在食堂看见了李思睿同学，我很高兴。李思睿一下子长那么高，成大小伙子了。还记得他和我儿子一起上金苗幼儿园，之后来到我们南山实验学校上一年级，我看着他长大。当时的李思睿调皮、好动，但是聪明、活泼。这么多年来一直陪着他，看着他离开小学，我心里还一直挂念着他。今天见到他，我很开心。你们都是我的好孩子。

李晓白先生：我的女儿李安平很重感情，我很激动，也很欣慰。我想我还是要说点鼓励的话。今天这些老师们讲的这些故事，我觉得大家感动，不仅仅是他们给我们提供了安全的好的伙食，不仅仅是他们让我们生活在一个美好的、干净的环境中，也不仅仅是我们的孩子在学校被照顾，我很放心，很欣慰。我觉得李校长讲的"教育就是播种爱"，最重要的是，学校是干什么的。学校最重要的就是培养孩子。大家想一想，我们的孩子在这样的老师群体中生活，在老师的教诲下，他们成长起来，一定是一个非常有责任感的人，一定是一个非常有爱心的人。他们从这个学校出去后，他们把自己宽容的、有爱的心胸，带到他们的工作岗位上，带到他们的生活中，我相信我们的社会就会变得越来越和谐，越来越美好。这就是我对李校长教育理念的一点认识。谢谢大家！

主持人：非常感谢李晓白先生以及各位家长、同学和老师，感谢大家对文德公司的鼓励和支持，你们的支持和鼓励将会是我们最大的前进动力。

（三）爱是炙热如火，也是情比金坚

主持人： 在公司里，领导无微不至地关怀着员工，陈学跃班长有个故事要告诉大家，请听《看病》。

食堂班长陈学跃： 去年，我们食堂员工杨蕊琴右小腿经常发肿、发炎并伴有发热、发烧，她开始到处求医，300 元一双保健袜子、近千元的理疗药桶、老中医、老军医都看过也没治好，每月工资都花完了。我知道后，建议她到正规医院治疗，在 11 月份，她又对我说：腿不行了。于是我每天早上都询问她的病情，当发现她的病情严重时，我立即向公司领导汇报，并催促她立即到医院去看病。杨蕊琴到医院后，诊断为丹毒，要求住院，由于参保时间短，社保卡不给用。我找到医生说："她一个人在深圳打工，工资只有一千多元，如不能用医保卡，她根本看不起病，又不是工伤，但她是公司员工，我们会长期用人，一直参保，请你通融一下。"医生说："我做不了主，你找科室主任去。"跑到楼上，主任在做手术，好不容易等到了主任，主任又让我找医生拿出意见来，我又回来找医生。医生说："这不是我的权力，我不能提供意见，必须主任同意后，我才敢写意见。"就这样转来转去，没有解决问题，当时我心里感到又气又恼火，真想算了吧，反正也不是我出钱，但我又想到公司陈副校长、王副总经理常教育我们班队长，将李校长"教育就是播种爱"办学理念延伸：热爱每一位员工，会爱每一位员工，让员工感受到爱，进而使员工立足本职工作，给师生提供优质伙食、优质服务来体现对师生的爱的要求时，消了气。不厌其烦地楼上楼下跑了六趟，反复给医生和主任反映我的诉求，也许是医生和主任被我对员工的爱心所感动吧，最后还是签了单，允许用医保卡。那时我心里有一种说不出的高兴，连忙对医生说声："谢谢。"回到病房，我给杨蕊琴说了此事，她同室的病友对她说："你看你们领导这么关心你，太令人感动了，我病好后到你们公司上班，行不行？"她说："行啊！"

主持人： 这楼上楼下地跑，陈班长的腿可是要细了两圈？在公司，为员工办事，值得多跑几圈。

在文德公司，不仅领导懂得关爱员工，我们员工之间也有许多相互关心和爱护的故事，让我们欢迎鼎太保育班长马宇彤，分享故事《地震之后》。

马宇彤老师： 那是新年里的一天，手机铃声悠扬地响起，我拿起电话接通，里面传来了一个欢快的声音："马老师新年好！你还记得我吗？我是小杜呀，以前在鼎太上班的。""哦，是杜老师呀！新年好！你们现在都还好吧？儿子怎么样了？""我们都很好，儿子也上初中了，成绩不错。"……放下电话，我的思绪回到了 2008 年 5 月 12 日，大地震突然降临了四川。消息传来，我立刻打电话给几名四川籍的生活老师询问家里的受灾情况，杜老师的家乡就在绵阳附近，灾情严重，通讯中断，无法得知亲人的消息，尤其是看了电视报道许多学校被夷为平地、遍地瓦砾，她更是焦急万分，她 11 岁的儿子正在读五年级，生死未卜。知道这一情况，我马上安慰她，让她尽量平静下来，耐心拨打电话，并保持一部电话的畅通等待家人的信息；帮她分析情况，告诉她还有许多学校没有倒，大部分人都还活着，你的孩子在一所工厂子弟学校读书，建筑质量方面应该会好一点。告诉她说："如果有什么需要就找我，我们会尽力帮忙的，要不你明天就在家等电话不要来上班了，你那个班我来带。"

第二天，杜老师按时来上班了，同事们都关切地问她情况，她摇摇头沮丧地说："还没有消息。"说着眼泪扑簌簌掉了下来。我问她："那你怎么来上班了？我不是让你在家里等消息吗？"她说了一句话让我至今难忘："在家、在学校都是等，来学校有这么多同事关心我宽慰我，又有那么多可爱的孩子们陪伴着我，我就不会觉得孤独和无助了。"这一天的上班时间我一直陪伴在她的身边，终于在快下班的时候孩子打来了电话，说："妈，我很好，家里人也都平安，但学校成了危房，拉起了警戒线，不能进去，所有的学习用品都留在楼里拿不出来了。"尽管只有短短的两分钟，几句话却让我们大家都为她家人的平安喜极而泣。我又对她说："尽快把孩子和家人接到深圳来吧。"她更是激动得说不出话来，只是一个劲地笑、点头、流泪。

几天后，杜老师告诉我："孩子来深圳了，因为受了惊吓，晚上总是会从噩梦中惊醒，想让他上学，和同龄的孩子在一起，也许会好些，但不知道上学的事情怎么办？"我立即说："放心吧，我帮你问。你先带孩子到处走走玩玩，放松一下。"杜老师说："你们帮了我那么多，我怎么好意思再请假，我们人员那么紧，不能再给大家添麻烦了。"于是我找到了易部长，说明了情况。易部长非常重视，说："我马上请示领导尽快解决。"

第二天，易部长告诉我："杜老师的孩子被安排在五（二）班读书。"于是，我又发动同事们给孩子借来课本、文具、校服等，安排他在校就餐，找到班主任和老师请他们多多关心和帮助杜老师的孩子。

第三天，杜老师的孩子来上学了。一到班级，同学们就围了过来，问长问短，和他交朋友、送他礼物。接着，学校又为灾区来的孩子们送来了免费的学习用品，使孩子很快融入到新的集体，渐渐地摆脱了心理阴影。

学期结束了，杜老师带她的孩子要回家乡了，她流着泪和我们告别，依依不舍。我坚信生活和工作在一个充满爱的地方是永远不会被遗忘的。

主持人： 汶川大地震期间，中国人民向全世界展示了他们的团结和大爱，马老师和她的同事，也用自己的行动诠释了教育就是播种爱。

一个好的团队离不开优秀的领导班子。公司副总经理王占志听了这么多员工、老师的故事，一定有许多感言，有请王副总经理讲话。

王占志副总经理： 听了这么多员工讲述的故事，我很高兴，也很激动。我们的公司是一个充满爱的公司，我们的员工在各自的岗位上，给我们的老师和学生，奉献他们的爱心，这一切都是在李校长"教育就是播种爱"的理念下取得的成果。我认为，我们只要继续坚持"教育就是播种爱"里面的 8 颗种子作为教育内容，用热爱、会爱、感受到爱作为最有效的教育方法，来提高员工的素质。在各位领导、各位老师、各位家长和学生的支持下，我坚信，公司的明天一定比今天更加美好！

主持人： 谢谢王副总经理。今年，我们敬爱的陈副校长和王副总经理即将荣退， 校领导给我们派来了年富力强、 经验丰富、 工作踏实的新领导。 有请罗朝宣总经理。

罗朝宣总经理： 今天很激动，平凡的故事，让我流下了眼泪。我感觉到，爱是温暖的，爱是柔情的，但它蕴含的力量却是强大的，这种力量是推动我们文德公司不断前进的动力。在这里，我首先感谢学校领导对我的信任，任命我为文德公司新一届的总经理，让我有缘和这些可爱的员工一起共事。这里，我做一个承诺，在今后的工作中，我们将进一步贯彻"教育就是播种爱"的理念，带领这些可爱的员工，勤勤恳恳，默默无闻，用我们的行动来证明我们的诺言，为全校师生提供优质的伙食，提供更精良的服务。

主持人： 我们文德公司之所以能成为这么一个优秀的爱心团队，就是在李校长"教育就是播种爱" 的理念指导下， 取得丰硕成果。下面有请我们的坚强后盾——李先启校长给我们讲话。

李先启校长： 今天，我非常感动，我向他们学习了很多，真是感慨万千。厨工、清洁工、花工、保育老师、司机等，他们都是非常平凡的人，平凡得就像天空中落下的雨，一到大地上就看不见了。

他们的工作非常平凡，但我的感想是：把平凡的工作做好就是不平凡！（掌声）

我们都想把孩子培养成各种各样的人才，可能没有一个家长，想把自己的孩子培养成保育老师，或者我们的清洁工，我们的花工。他们做的都是"简单的工作"，这些"简单工作"是我们生活学习不可缺少的！"简单的工作"做好就不简单。我也在想，我对自己的儿子也充满了期望，假如有一天，他毕业以后，愿意去支教，愿意去非洲教学，愿意做保育老师，做花工，甚至是做厨工，我也鼓励他，做一个平凡工作中不平凡的人。

今天，让我觉得他们在平凡与不平凡之中，还跃上了一个台阶，就是把很平凡的工作做得很高贵。难道大家不觉得他们高贵吗？（掌声）另外，把平凡的工作做得非常美丽，他们难道不美丽吗？（掌声）他们工资虽然低，待遇也不高，尽管学校尽量照顾他们，他们的收入待遇在我们学校与老师相比还是比较低的。但是他们能把自己的工作做得非常神圣。

（转向讲述者）我向你们学习，感谢你们！（持续掌声）我也感谢王总，感谢陈副校长，把一支团队用短短的几年时间，带得这么优秀。

尽管深圳作为国际化大都市，正在向高科技产业等转型。但无论怎样转型，我们永远也离不开花工、厨工、清洁工等这样的人，离不开这样的工作，我们应该为南山实验学校有这样一支充满爱的员工团队而感到骄傲。

谢谢，谢谢大家！（掌声）

主持人： 谢谢李校长，谢谢今天参与我们活动的各位家长、同学和老师！谢谢你们！

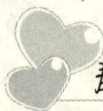

奉献爱·体会爱·传递爱
——荔林中学部"爱的述说"讲述会

时间：2011 年 12 月 25 日上午
地点：深圳风华大剧院
参加人员：特邀嘉宾、全体师生及家长（一千两百余人）
主持人：王正升

主持人： 尊敬的领导、来宾们，亲爱的家长、老师们，大家，上午好!

秋去冬来，情满南山。今天，我们相聚在此，隆重举行南山实验学校荔林中学部"爱的述说"主题讲述会。回顾荔林 4 年，李先启校长爱的 8 颗种子——爱人、爱大自然、爱学习、爱生命、爱梦想、爱真、爱善、爱美，在这片沃土，萌芽、生根、成长。年轻的 80 后老师，是荔林中学的生力军。

他们特殊，岁月还未在他们脸上刻下沧桑，重担却早已压在了他们的脊梁。

他们其实很矛盾，在父母眼中是永远的孩子，却又是孩子眼中的师长。

他们很执著，刚刚迈出大学的校门，带着青春的梦想走进讲堂。

今天，就让我们一起认识一位 80 后老师，杨玲娟。

（一）奉献爱

主持人： 先为大家简单介绍一下杨老师，工作已两年多，九（七）班班主任，兼任荔林部第一届语文读写实验班数学教师。

杨老师，记得我和你是 2009 年来到荔林中学的，当时您还第一次担任七班的班主任，管理一个班级，有没有遭到家长和社会的质疑呢？

杨玲娟老师： 是的。开学不久，实验班一个孩子给我写信，说：他妈妈觉得我太年轻，不放心，他跟妈妈说，我们老师可优秀了，上大学时还是学生会主席，可他妈妈就是不放心，学生会主席能做好学生工作，不一定能上好课。确实，我能理解，你没有过任何成绩，别人凭什么信任你？因为缺乏经验，遭到质疑不可避免，但我坚信，通过努力，总有一天会得到肯定。然而，质疑的压力只是一方面，更直接的压力来自孩子在成长中出现的问题。开学不到一个月，孩子们的问题就开始爆发了。也许是因为从小学到初中的转变一下子适应不了，也许是因为青春期叛逆开始了，总之，那段时间，各种问题接二连三地发生。

张良玮校牌不合格，态度恶劣，被罚站在校门口。当天午休，董航因为调皮捣蛋，被带到教务处批评教育。事情没处理完呢，下午吴子谦、张宇豪跟体育老师又扛上了。董刚、俞伟、邹驰联合起来欺负六班的孩子，被学校记过处分。几个孩子家里也出现状况，小胖子母亲意外去世，他情绪非常低落；平平跟妈妈闹翻，要离家出走。那段时间，各科任老师不约而同投诉，说我们班最近很浮躁，各科作业都有欠交。于是，第一次阶段考试，七班的班级平均分拿了倒数第一。

说实话，事情一件件来看不算太糟糕，放在一起真有点喘不过气来。在办公室我终于忍不住了，流下了工作以来第一次眼泪。真的，最可怕的不是来自家长或是来自社会各方的质疑。最可怕的是，连我自己都开始怀疑自己。整个班级完全失控，特别无助。从小到大，从未有过如此强烈的挫败感，从未如此怀疑自己的能力。我到底能做好吗？我能成为一名合格的人民教师吗？我付出的努力难道没有任何作用吗？

那天夜里，我彻夜未眠。睡不着，也不想让自己睡着。我坐在地上，靠在床边，端着电脑，想了整整一夜。想问题到底出在哪了？想到与孩子们在一起的一个个画面，想到每天夜里，我在加班，整个荔林校园都是星星点灯，年长的同事们顾不上自己家中的孩子，每天和我们年轻人一样那么晚回家。我问自己，当初那个自信，对人生无所畏惧的我哪里去了？当初那么坚定地走上教育这条道路，走进荔林校园，那个执著、从容的我哪里去了……如果我放弃了，放弃的不仅仅是自己的梦想，放弃的是整个团队对我的信任，更放弃了几十个孩子的期待与梦想。我忍心吗？于是，这一夜，我下定决心，马上站起来，重新努力。

现在的问题是怎么解决问题？其实想想，不久前，我也和孩子们一样，是坐在讲台底下的一名学生，我扪心自问，当我失败时，需要的是什么，是肯定！是老师的鼓励和信任。

第二天早上，我走进教室，整个班级鸦雀无声，安静得有些压抑，42个小脑袋没有一个抬起来。这时，我没有说话，只是冲着全班微笑。用将近两分钟时间，微笑着和全班每一个孩子对视，我想用微笑点燃孩子们心中的自信。我注意到孩子们的表情从开始的紧张、茫然，到惊讶，慢慢变得轻松了，班级的气氛缓和了一些。接着，我告诉他们，这次考试我们失败了，是我们，包括你们，也包括我。老师因为七班笑过，也哭过。但，哭过之后，我更有勇气了。因为我们每个人都是在失败与挫折中成长起来的，哭过之后，我彻底明白，成绩只会让慵懒的人越来越畏惧，然而它永远不会打败那些有梦想的人。所以，我要看到你们努力，看到你们无所畏惧的人生态度。

主持人： 的确，鼓励具有点石成金的作用。日本教育家铃木镇一先生说过："孩子就是为了享受鼓励和赏识来到这个世界的。"杨老师的这番话，有没有给孩子带来一些触动？

杨玲娟老师： 当天中午，一张张纸条悄悄递到我的办公桌，这些纸条我至今仍然保留着（屏幕打出纸条照片）。

胡永鹏，一个极度腼腆的男孩，写了一封将近2000字的命名为检讨书的信给我：信里写到自己最近的问题，还说，这么多事情突然发生，谁都会哭，更何况老师您还是一个这么有责任感的人……

慢慢地，班级重新恢复常态，班里同学又恢复了往日的活力与朝气。期中考试也从第七进步到第四，期末考了第三。他们跟我承诺说他们会变得越来越好，他们确实这样去努力了。接下来就是一年一度的广播操比赛，他们自发地组织去训练，每天放学，背起重重的大书包到处寻找训练场地。他们还进行一帮一的指导，一个动作一个动作相互监督和纠正……比赛前一天，我去验收他们的训练成果，全班认认真真地在我面前做了一遍。做完以后，孩子们对自己很满意，很激动，说没问题，肯定没问题，我们是最好的，当时全班乱成一片，七嘴八舌议论开来。于是，在操场上，我就狠狠罚他们站军姿，在操场上足足站了10分钟，一动不动……孩子们离开了，我知道他们一定不理解，老师为什么不表扬他们，其实老师也很心疼，回去以后，我给全班写了一封信放在博客上。

主持人： 这里我们截取信的一部分：

"孩子们，老师又何尝不激动呢？你们这段时间的努力，我全部看在眼里。听见"预备"，你们站得笔挺，不亚于任何训练有素的士兵；看见你们自豪地对李老师说，我们班是最好的，我的自豪绝不亚于你们！

孩子们，老师又何尝不想温柔地赞赏你们呢？你们明明做得不错，却要挨一顿训，心里一定不舒服。告诉你们一个秘密，其实老师早做好失败的准备，而且即使你们失败了，老师依然会对你们微笑，对你们充满信心，因为你们让我看到努力顽强的一面，看到你们向着一个目标而大步向前。老师做好失败的准备，不是因为不相信你们，而是因为老师对你们的期望不仅仅只是广播操比赛的第一名，我想看到的是你们永不服输的精神和不断超越自己的勇气。

其实挺同情你们的，在这么关键的初中时代，你们遇到的班主任是数学老师，不像文科老师这么有文采，可以出口成章。没有太多大道理可以讲给你们听，但老师相信你们懂，你们每个人都是老师的骄傲，每一个！包括暂时还落后的同学，老师每天都在关注你的成长和进步。

最后，还是想把这句话送给你们："既要仰望天空，又要脚踏实地。"

杨老师，想问一下那次广播操比赛的结果怎样？

杨玲娟老师： 孩子们成功了。他们拿了第一名。成功荣获荔林中学广播操比赛标兵班级。

主持人： 这个来之不易的第一，浸透着您多少的汗水和泪水，我相信您的孩子一定明白您的一片苦心。

杨玲娟老师： 我不知道是否真如他们所说的他们懂了，但我相信他们会一点点变得懂事，会不断进步。当他们发现我们班的卫生做得不太好，很久没有拿卫生流动红旗了，他们会主动要求去做大扫除，做得格外认真。付璐强的衣服全湿透了，我让他先回去，他死活不愿意，说要一起做完一起走。周五那天，他们做完已经是晚上六点半，但是没有一个逃跑的，我特别感动，说要请全班吃麦当劳，可是因为身上没带那么多钱，我跑回办公室，可等我拿着钱，兴奋地，激动地跑下楼去找孩子们的时候，他们当中走最后的一个同学喊了一声，杨老师来了，结果全班"哗"一下全散开了，说不能让老师破费，边跑还边冲我挥手。看着他们小小的身影慌乱地消失在各个方向，我独自一人站在原地不想离去，孩子们离开了，我有点孤独，但内心又是那么温暖。第二天一大早，他们齐齐坐在教室，给我看了一封他们写给我的信。（插播视频）

放完这个视频，全班齐声喊：杨老师，我们永远爱您。这一次，我又哭了，是当着全班的面。

主持人： 杨老师的故事是我们年轻的教师团队的一个缩影。因为年轻和缺乏经验，她会付出加倍的努力。然而又恰恰因为年轻，她也更容易走进 90 后孩子们的内心，成为孩子们忘不了的好老师，好姐姐。杨老师用她积极乐观的人生态度让孩子重拾生活和学习的信心，用她年轻火热的爱去打造一个充满爱的小团队，教会一批懂得爱的孩子。杨老师流下的是幸福的眼泪，作为他的同事，我也同样感觉特别幸福。谢谢您，杨老师！

如果说杨老师的爱，如一位大姐姐。那么有一位老师的爱，便如母亲一般。下面我们听一听一位老班主任的故事，有请徐雪丹老师。

徐老师，咱们荔林中学第一届四班有几个非常调皮的学生，其中有一个叫毛力的孩子最为突出，小到扰乱课堂，大到打架滋事，几乎处处都可见他的身影。而且富有与家长和老师"周旋"的经验，油嘴滑舌，能屈能伸，一般的老师还真斗不过他。想当年他也算得上是荔林中学的一个名人了。

徐雪丹老师：我是未见其人，先闻其名啊。记得刚到学校，校领导刚通知我接任初三四班的班主任，就有老师告诉我，当时听了真的有点脑袋发懵。

果然，开学不到两周，他就打架了。他从学生处出来，我和他第一次正式谈话（也可以说是第一次较量）。

我告诉自己绝不能按常规出牌，不能纠缠他的错误，就像魏书生老师曾经说过要坚信每一个学生的心灵都是一个广阔的世界，都有向上和向善的种子，老师就是要引导这些种子发芽。我说："今天，咱们的谈话要基于这样一个前提，首先你我不是敌人，我也不是来降伏你的，只是经过这么多天的接触和其他渠道对你的了解，我一直在想一个问题——就是你，将来会成为一个什么样的人，你的人生将会是什么样的前景，是不是你未来的形象就如同现在，你自己想过吗？"他听了我的话，眼睛里不再是一副玩世不恭或者兵来将挡水来土掩的神情，而是惊讶和疑惑。

之后，他没有排斥我，但还是有数不清多少次与他"过招"，斗智斗勇，数不清多少次和他聊天谈心。但是我发现这期间他会经常到我的办公桌前有话没话地找话说，有时他也会一副满不在乎的样子告诉我他父母一直感情不和，正在闹离婚之类的家事。最终有一天他请假要去法院，父母的离婚案要他出庭。我第一反应就是不愿让他去目睹自己的父母在法庭上最后的唇枪舌战，这无论对谁都是一种伤害。我给他父亲打电话，才进一步了解到他的父母长期感情不和，致使母爱缺失，父爱粗糙。他在家基本不与父母沟通交流，只是顺应而已。我一下子明白了，原来他打架是在显示强大中寻找安全感，他上课话多是弥补家中的无语，他的满不在乎都是一种掩饰。从那天起，我开始发自内心地同情这个孩子，告诉自己要好好待他，并且耐心地等待他的转变。

主持人：的确，教育不是生产人，而是培养人，他最大的特点是"慢"，慢工出细活，这就需要老师的耐心，而改变有时还需一点偶然的机缘，对吗？

徐雪丹老师： 是的，有一天下午放学，6点多了，天色已经很暗了，我走到车站准备坐车回家，远远地看见他坐在马路牙子上，没有了往日的狡黠和霸气，而是一脸的落寞和沮丧，两只手无意识地在鞋带上拂来拂去，眼睛在黄昏的微光中更透着无助和迷茫。我明白一定出事了。我赶紧过去，摸摸他的头问他怎么了，他支支吾吾说一出校门就被一些不认识的人打了。我的心忽然像被针扎了一下，我第一个反应就是他有没有受伤，我几乎忘记了责备他，低声询问打到哪里了，哪里疼痛，要不要去医院，他只摇头不说话，我又急又火冲他喊了一声："快说呀你!"他看我真的急了，就反过来安慰我说："真的没事，老师，你快回家吧，我也马上回家。"听他这么说，我稍稍放了点心，上了车，马上给他父亲打电话，告诉他孩子回来了，如果不舒服要赶紧带他去医院，不要过多责备，但要让他明白像这样拉帮结伙在校内外打架惹事的危害，就是自己的人身得不到安全的保障。第二天上学，我没有过多问及打架的事，只是告诉他：老师和父母一样，对孩子的希望首先就是平安健康。

这之后，让我没想到的是因为这次事件和他爸爸沟通交流比较多，他爸爸越来越配合我的工作，并且一遍遍告诉他：这是你读书以来遇到的对你最好的老师，你一定要听她的话。

此后，他确实改变了不少，对我也更加亲近起来，所有的节日他都会发短信给我。2009年的最后一天晚上10点，发短信给我说：不要睡着啦，我12点给你电话。他真的坚持等到新年钟声敲响的那一刻给我打了电话。

接着，母亲节一大早也发来短信，只有几个字"母亲节快乐"，可这对我来说已经很满足了。之后几乎所有的节日都是第一个收到他的短信，他变得越来越懂事了，寒假他回老家了，告诉我老家的号码，可我每次打电话给他，他都会马上挂掉，再回拨给我，他不想让我花钱。

他对学习一直比较懈怠，到中考最后两个月，他都快没有信心了。

还是老办法：给他希望。记得中考前一个月，我最后一次和他谈心，我很真诚地说：徐老师一到学校就带毕业班，很有压力。因为如果我这个所谓有经验的老教师拿不出比较好的成绩，是很难看的。但是，我并不在乎这些，你知道在我心里最在乎什么吗？什么才是对我最有意义和价值的事吗？他一脸茫然地看着我，我一字一顿地说："就是你能考上高中，这就是这一年对我付出的最好回报！"

他又一次惊讶地看着我，当然也明白了我对他的期望。接下来，他进入了全力备考的状态，有时很晚会发短信告诉我紧张得睡不着，或者一大早6点钟就告诉我已经起床背书了。就这样，一个月后的中考，他真的考上了公办高中。

主持人： 当听说毛力考上公办高中的消息，四班的任课老师都感到震惊，继而是感慨。震惊的是毛力能在中学的最后阶段突然发力，感慨的是徐老师的关爱与鼓励，改变了这个孩子的一生。现在，毛力已经毕业一年多了，您和他目前还联系吗？

徐雪丹老师： 常联系，现在他也一样，每个节日都会早早发来短信，或者回学校来看望老师，最让我想不到的是他在 QQ 空间里写了一段话叫《给荔林的那帮小子》，请主持人读一下。

主持人： "哎，刚看完那篇日志，真的很有感触。发现很多人都天真得很，居然以为可以'混'下去。每天做一些极其无聊的事情……哎，我只能说别傻了。荔林中学的好大家都知道，可是有些人不知道珍惜，中考过了……最后不就只剩下后悔？幸运的是我在中考前明白了这些道理……还最后弥补了一点点……你们是真的傻吗？竟然还有想继续混下去的……到最后再后悔是没有用的……"

徐雪丹老师： 我把这些话放在了荔林班主任群里，希望能帮助其他班主任们教育班里的学生。不仅如此，上学期还劝阻过两次外校学生到学校附近打架。我知道了很高兴，就夸他说：小子，好样的，像我儿子。他就会很得意地说：那是！都是你教的嘛！

就在开始准备这次"爱的述说"之前，我打电话征求他的意见：我能讲讲我和你的故事吗？可以用你的真名吗？他哈哈一笑说："没问题！只要你开心就好！"我说："你考上大学我才真正开心呢！"

主持人： 的确，徐老师母亲般的关爱，让一个男孩，最终成长为青年。他一定明白这是徐老师寄予他的又一个新的希望。相信毛力的人生之道会更加宽广。 谢谢徐老师, 谢谢您的精彩讲述。

（二） 体会爱

主持人： 花开花落终有时, 师生有爱无穷尽。 有多少爱, 可以重来。

大爱无言, 孩子们对于这无声的爱, 是如何体会呢?

请大家先看一组数据。（ 幻灯片显示 ） 这组数据背后, 有一个老师, 有一个感人的故事。 让我们请李广科老师。

伟大领袖毛泽东说过："体育者, 天下第一育。" 作为体育老师, 您应该感到很自豪吧。 能讲讲您和孩子的故事吗?

李广科老师： 大家好, 我是李广科, 一名普通的体育老师。在我的观念里, 老师就是教书育人, 言传身教, 但是我属于语言匮乏型, 所以我都是用行动来做给孩子们看的。自从 2007 年我进入荔林中学部的时候, 我就想组建一支篮球队。尽管我本人是网球专业出身的, 但是我对篮球的热爱丝毫不亚于我本身的专业。于是, 每天清晨我都是第一个来到学校, 跟我的孩子进行训练。我跟孩子们有一个约定, 就是我们要让南山区所有的学校认识荔林中学, 为了这个美梦我们付出了更少的睡眠, 更多的节假日。终于, 我们迎来了 2008 年的南山区中学生篮球赛, 可是我们遇到的每一个队都是以大比分输掉比赛, 那一年的暑假孩子们全都来参加训练, 深圳 7、8 月份的天气大家都很清楚, 从太阳出来的那一刹那, 天气就热得让人不想在室外多呆一分钟。就是这样的天气, 我们顶着太阳, 对抗着恶劣的环境, 一个三分球一个三分球投篮扎实地练习, 一个滑步一个滑步地防守练习, 一次次地进行运球上篮练习, 一次次地人盯人防守练习。我清楚地记得, 孩子们第一天来的时候都还白白净净的, 第二天再来的时候已经变了另一个人一样, 晒得浑身都很黑。由于天气特别炎热, 所以几天下来孩子们的皮肤开始脱皮了, 一层层脱下来。其中一个孩子叫潘涵, 这个孩子是在我们球队当中最刻苦的一个, 每天他都要投进三分球 200 个。在这里我要跟大家解释一下什么叫做投进,就是说他不可能只投篮 200 次全部都投进，也许是 500 次、800 次甚至 1000 次。但是为了能让人有信心，我都是陪着他一起进行练习，可是这个时候一般都到了 10 点左右了，太阳的强烈照射让每一个人都感觉难以忍受，更何况水泥地板上积存的热量还在一直释放，就像在一个大蒸笼中练习。看到他的眼神还是很坚毅，但是我能感觉到他的身体越来越重，每一次起跳后都会重重地落在地上，每一次投篮都是用尽全力，我实在看不下去了，拉着他下去喝水，让他休息一下再开始。由于训练强度很大，汗水就一直挂在他身上，他的肤色也没有晒得那么均匀，经常是这里一块很黑，那里一块比较白。就算是这样的环境，他还是坚持训练，手臂上的皮肤开始变黑，慢慢地退掉一层皮，然后再退掉一层皮。有时候为了固定投篮动作，他经常会不小心抓破，胳膊上留下一条条血口。手指为了能够坚持投篮缠着胶布，可是每次训练结束的时候都是比较痛苦的，他必须把胶布全部浸湿才能取下来，但这样伤口就会加深。我怕他感染就拿着药酒帮他擦，人说十指连心啊，看着他忍受着疼痛，我心里都在滴血。但是潘涵的努力没有白费，后来的比赛中单场就投中 6 个三分球，并且在对阵非常有名的传统强队一役中，绝杀对方。此外，就在这个暑假中还让我得到了两个非常优秀的队员，孙滨跟罗勇，就是这次比赛的主力控卫和主力中锋。他们是在小升初报名的时候发现的，孙滨当时非常高，而且他的父亲已经超过 190 厘米了，但是孙滨有点胖，身上没有肌肉，所以在训练的过程中，我都很注意他的肌肉力量练习。每到力量练习的时候，孙滨就要比其他人多练习 3 组仰卧起坐。那可是一组 100 个的练习呀，我帮他压腿，帮他一个一个地数，眼睁睁地看着他艰难地起来、下去，起来、下去。当时我真的心软了，想想算了吧，不要这样了，尤其是我眼睁睁地看着他含着眼泪做完第二组的最后几个时，因为实在是太艰难了，他总是起来了一半，很努力地想完成，可是由于实在是没有力气了，直接就重重地砸在垫子上，再一次冲击的时候还是摔下去，没办法就停在那里几秒钟再起来。我忍不住就说，滨滨算了，第三组我们不做了，今天太辛苦了。没想到他跟我说，老师你让我做吧，潘涵还在继续投篮呢，我比他们小一岁，我不想浪费他们传球给我的机会。当时我听到了他这么说真是无比沉重，等他做完了 3 组，我都会认真帮他做按摩，放松，就是为了能让他在回家睡觉的时候没有那么痛苦，所以我也真的感到很幸福，能让我在荔林中学遇到这样一群孩子。

主持人： 是啊，李老师最终领着这群孩子，取得了 2011 年南山区男子和女子篮球比赛的第一和第二名的成绩。我想，孩子们获得的不仅仅是成绩，每一滴汗水和泪水的背后，伴随着的是他们的成长，是他们坚强的品质，是他们敢为人先的毅力和不服输的精神。不知李老师想不想知道您在孩子们眼中是怎样的一位老师？我们特地找到篮球队的这些孩子们，现在就让我们听听他们讲给李老师的话吧。（短片播放）

让我们的镜头记录下这感人的瞬间吧。相信此刻将会凝结成李老师心中永恒的美好记忆。谢谢李广科老师的精彩讲述。

一件件"往"事在心，一份份情感在目。一群满是激情的老师，带着一群充满活力的孩子，在爱的土壤中呼吸，在爱的天空中徜徉。他们引颈眺望，憧憬未来，追寻梦想。现在，让我们请金承杰老师，听听他和孩子们关于"梦想"的故事。

金老师，您好！一直以来，您和孩子们围绕梦想，开展了很多活动，能让大家分享一下这段经历吗？

金承杰老师： 主持人好！大家好！很高兴有这个机会给大家讲这段故事。

其实孩子们到了初中这个年龄是有很多梦想的，刚教他们时我就调查过，那回答，可真叫五花八门。

有点胖的小泽，梦想就是瘦身苗条；瘦小的阿昆，梦想就是高大威猛；贪吃的同学，梦想就是想吃什么就能吃到什么；重感情的同学，梦想能永远拥有无话不谈的好朋友；爱画画的黄弋珂，梦想就是画一辈子画；爱读书的李芷怡，梦想就是坐拥书城，最好连饭都不要花时间吃；成绩差点的，梦想能考个好的高中；成绩好点的，梦想能上世界顶级名校；陆鼎洲喜欢玩枪，梦想能拥有所有世界名枪……问他们梦想以后做什么，不少人的梦想就是当老板，至于做什么行业的老板，没想过，反正他们认为老板自由；想做慈善家，至于怎样才能拥有这份力量，没想过，反正这个世上有很多人需要他去帮助。孩子们的梦想非常真诚，就是不够理性，也可以设想很难称得上执著。

我得到这样的调查结果之后就在想，李校长教育我们要引导学生爱梦想，我该怎样帮助孩子们寻找梦想以对他一生起作用呢？最后，我决定借助榜样的力量。在家长委员会的支持下，我联系到四度空间总裁、国际培训师陈泓祺女士和白手起家的圣火广告公司总裁张超先生。

10月20日，我们邀请陈泓祺女士到学校给孩子们做讲座，名字就叫"做自己想做的人"。她给孩子们讲了自己的梦想和20年来追寻梦想的艰辛与实现梦想的快乐。那天，同学们很激动，他们认识到梦想是要自己长时间坚持和追求的。

10月21日，我们组织学生去采访了张超先生。两个小时的采访，让同学们认识到张超先生白手起家，靠的是自己有明确的目标——做个像李嘉诚一样的成功商人，靠的是坚持不懈的付出，靠的是长期不间断的学习。

11月6日，我们又邀请陈泓祺女士带领学生和家长一起制作梦想板。那天，全班39位同学和四十多位家长聚在一起，每个人都在指导下制作属于自己的梦想板。（插入三次活动的照片）

这一系列活动后，孩子们的变化非常大。还记得想减肥的小泽吗？她的梦想变成了做一名光荣的人民教师；爱画画的黄弋珂，梦想做一名大画家；爱读书的李芷怡，也知道了要想能坐拥书城，首先得依赖一种职业，她选定做一名成功的自由撰稿人。

主持人： 看起来，孩子们在这两次活动中的收获非常大，他们的梦想开始成形，并且逐渐与社会发生联系，慢慢具有现实的意义和价值。您对孩子们的引导是不是到此就结束了呢？

金承杰老师： 没有。现在想来，之后才是我带着孩子们进入梦想之旅的最困惑的阶段。从孩子们的梦想板中我们可以发现，孩子们的梦想大都趋向于获取物质财富，缺少对社会家庭责任的担当。一味把梦想物质化，适合十三四岁的孩子吗？当时的思考很痛苦，后来想到了李校长爱梦想的演讲。就想请李校长给孩子们讲一讲，请他从一位校长的角度，站在一位教育家的高度，对学生进行梦想教育。李校长很爽快地答应了。

没几天,他给我们八年级的学生做了一场爱梦想报告。李校长从政治家金泳三、毛泽东的实现梦想的过程讲到菲尔普斯等明星实现梦想;从智障儿苏珊大妈35年的追梦之旅,讲到非洲女孩特莱艾四十几年梦想不灭,最终留学美国攻读博士。李校长把追求梦想的境界提升到品格素质高度,告诉孩子们,我们坚持一生的梦想应该是对自己、对身边人乃至对整个人类都有不可替代的作用。并且通过所有的例子给大家点明了实现梦想的必经之路——坚持,再坚持,直到实现。孩子们听得非常激动,我们原来担心的问题在李校长讲话后得到了很好的解决。(插入李校长讲话视频或照片)

李校长还在讲座中建议我引导学生选择适合自己梦想的名人传记阅读,深入体会实现梦想的人付出的艰辛和品尝到的幸福。在李校长的指引下,我组织孩子们大量浏览阅读名人传记,要求孩子们根据自己的喜好选择一两本名人传记精读,从书中看到实现远大梦想的名人走过的路,体会实现梦想的艰辛和甜蜜,思考自己的梦想,计划自己的追梦之旅。

主持人:听了李校长的报告,孩子们对梦想的理解会不会发生新的变化?

金承杰老师: 那是一个质的飞跃啊!像黄弋珂,最初只是喜欢画画,梦想以绘画谋生,想做一个著名漫画家。听了讲座后她深受触动,进一步了解了中国动漫行业在全球的尴尬境地,决心做一名振兴中国动漫业的不可替代的漫画大师。在李校长的指引下,她阅读《郎朗:千里之行》,深切地认识到要想成功就需要付出比别人多许多倍的汗水。从此,她在学习和绘画方面更加刻苦,有时为了一点细节的修改熬到很晚。她不仅成绩一直在全年级前两名,而且绘画水平也是越来越高,多次在区里绘画比赛中拿到金奖。一会儿,我要给大家展示她半年前的作品《黑珍珠》,征求意见时她感到很不安,她说那个作品当时熬到很晚感觉已经比较满意了,但现在看来手法很幼稚,不好意思拿给大家看。看到孩子的进步,我真的很开心!再向您报几个料,还记得那个想减肥的小泽吗?她不是想做一名教师吗?李校长的讲话后,她读了苏霍姆林斯基等教育家的传记,决定做一名能影响学生一生、改变学生一世的教育家;还记得要坐拥书城做一名自由撰稿人的李芷怡吗?听了讲座后,她开始阅读鲁迅、李小波、卡夫卡、茨威格的作品，观察生活也越来越深刻，用她的话说，我要用手中的笔来改变人们的思想，让更多的人远离庸俗、走向高尚。还记得喜欢玩枪的陆鼎洲吗？他痛感中国尽管近些年在武器制造方面已经有了很大进步，但距离世界先进国家还有很大差距，他发誓要做一名世界顶尖武器设计师，用自己的聪明才智保卫我们的国家。（插入述说梦想小视频）

有了梦想的孩子就像变了一个人似的，学习主动了，做人也踏实了。搞得我们这些老师也是每天提醒自己学习、学习、再学习，谨慎、谨慎、再谨慎，咱可不能耽误了这些未来的大师啊！

主持人： 是啊！孩子不会永远是孩子，这个世界终究是他们的。在他们还小的时候播下梦想的种子，将来一定会长成参天大树，让世界更加美丽。谢谢金老师！谢谢一切为未来、为孩子工作的人！

狙击手、漫画家、教师、职业艺术家、贝司手、设计师……眼花缭乱的梦想让这个世界变得五彩缤纷。因为有梦想，菜花甜妈把葱送给世界；因为梦想，乔布斯将苹果带给天堂。梦想，带着孩子们的渴望和追寻，让他们的生活绚丽多姿。

（三） 传递爱

主持人： 停下脚步，想想，"爱"其实不就是朋友的一声问候，老师的一句叮嘱，父母给我们的一口饭，一件衣。

有一道独特的风景，每天都出现在我们的校园中，这道风景令人感动，也在诠释着爱的真正内涵。画面中的这位同学叫梁泽宇，因为先天发育的原因，他行动极为不便。但自从进入荔林中学 08 级六班这个大家庭以来，他的学习和生活一直没有任何障碍。下面我们有请梁泽宇的班主任高磊老师，讲讲他的不一般的故事。

高老师您好，从照片上看，梁泽宇是一个十分特殊的同学，能具体说说他的特殊之处吗？

高磊老师： 其实图片上显示的并不全面，因为先天发育的原因，梁泽宇行动不便。不仅如此，在生活中还有很多方面都并不方便，比如，他在写字的时候，无法将笔固定在手中，必须依靠脸颊抵住笔的一端，才能将笔勉强固定住进行书写；再比如，他在行走的时候，必须依靠一个特殊的架子，架子的前面是两个轮子，用来向前滑行，后面是两个类似凳子腿的支柱，用来固定方向，防止走得太快。还有生活中的各个方面，都需要人来照顾，不然生活就会受到很大影响。

主持人： 确实是一个不幸的孩子。您还记得和他第一次见面的情景吗？

高磊老师： 一天，刚好走到二楼会议室，突然发现那个刚才站在那里的孩子手里还扶着一个架子，原来他就是要转入我班的新同学。我思考了一下，就径直走了过去，笑着问："你就是梁泽宇吗？"他十分惊奇，点点头，我拍拍我的胸脯说："我是你的班主任。"他马上说："哦，老师好！"但是我看出，他十分紧张，也很惶恐，一个陌生的环境对于一个孩子，尤其是身体有些缺陷的孩子，是多么难以适应。那时候我迅速思考，怎么办？是让他继续站在这里，还是带他进入班级呢？脑子里急速地思考着，我想，不能让他站在这里了，我得带他走，但是贸然进班，即使有一丝异样的目光投向这里，都会让这个孩子深深地受到伤害。于是，我说："梁泽宇，跟我走吧，到办公室等我一下，我去班级里面安排座位。"他跟着我走到办公室，我则迅速跑到班级中，孩子们安静下来之后，我告诉大家："今天，我们要转来一位新同学，他和我们有些不太一样，行动不太方便，我希望在这位新同学进入我们班级的时候，能够听到大家真挚、热烈的掌声。"大家有些疑惑，但还是齐刷刷地点了点头。等到梁泽宇推着车子慢慢从窗户中出现，一直到班门口，我站在班门口迎接他，面带微笑，其实心里还是很紧张。我用眼睛余光看着班级的孩子们，他们已经看到梁泽宇了，令我高兴的是，他们没有表现出任何的好奇、诧异。等到梁泽宇到班级门口的时候，我刚介绍完，就响起了热烈的掌声，并有几位力气大的男同学上来帮助梁泽宇拿书包、安排座位等。那一刻，我悬着的心才稍微放下一点。

主持人： 看起来，照顾好梁泽宇的日常生活是首先要考虑的工作了。

高磊老师： 确实如此。刚开始，我记得有一次邹部长找我谈话，就是关于梁泽宇的照顾问题。邹部长告诉我，刚开始，梁泽宇的父母希望能够出钱雇一个学校的工作人员每天负责背梁泽宇上下楼，也让他在日常生活中照顾梁泽宇。邹部长否定了这一提法。邹部长的意思是：这样并不能让孩子得到幸福，也不能让孩子快乐成长。这是一个教育孩子的契机，也是让班级凝聚力提升的契机，他希望能够把这样的任务交给梁泽宇的老师和同学们来完成。我很赞同邹部长的观点，设身处地地想想：如果我是梁泽宇，我趴在一个陌生人的背上上下楼，和趴在一个亲密的同学的背上上下楼，两者相比，前者带来的那种距离感，甚至自卑感，是不言而喻的。于是，我带着孩子们承担起照顾梁泽宇这一平常而又琐碎的任务。

刚开始，我事无巨细，都会认真、仔细地去照顾梁泽宇。每天等梁泽宇上学之后，找几个同学背着他上楼，才去吃早餐；中午放学后，要看着梁泽宇打上饭菜才能离开；平时如果有体育课，一定要看到有同学背着他下楼才能放心。有时候我们要外出教研，就特别不放心，万一没有人照顾他怎么办，万一托付的任课老师有课没有关注到梁泽宇怎么办等琐碎的小事，其实一直都在心中牵挂。这其中的辛苦和牵挂，也只有自己能够体会。

但是后来，我慢慢发现了一些问题，就是孩子在我照顾他的过程中，总是感到很拘束，很客气，或者说很陌生。于是，有一天我趁梁泽宇不在班级的时候，和孩子们探讨了这个问题，有几个孩子告诉我："老师，我们是要细心地照顾梁泽宇，但是不要太'那个'。"孩子们的一番话给了我很深的触动。于是，在随后的一段时间里，我就让大家成立一个三人小组，专门照顾梁泽宇同学的学习和生活。当时举手参加的人很多，我说大家都可以参与，但是得挑选出主要负责的三个人，就是陈禹宏、贾世奇、钟嘉圳三人。

主持人： 可他们同样是十三四岁的孩子，能很好地照顾梁泽宇吗？

高磊老师： 开始我也很担心，生怕他们男孩子会粗心，照顾不周。

于是我就暗暗地观察他们，尽管我不出面。早上，我看着他们在一楼等梁泽宇，然后才会到班级中去，上体育课、吃饭等莫不如此。事实上，这种担心刚开始非常明显，但是后来慢慢地，孩子们习惯了这种细心的照顾之后，我就慢慢地放下心来。直到一次"洗手间"事件发生之后，让我不再进行这种"跟踪"，彻底放下心来。

主持人："洗手间"事件，这个挺让人好奇的，能说说吗？

高磊老师：事情是这样的。有一次正在上课，我恰好没有课，陈禹宏突然从教室里跑过来告诉我："高老师，梁泽宇肚子痛，要上厕所。"听到这个消息，我也很慌张。因为他的行动很慢，又不方便，万一……更何况，我也没有遇到过他突然肚子不舒服的情况。但是我仍然希望能够让孩子们自己帮助梁泽宇，我还是不想再出面。于是我让陈禹宏拿出简易座便器，接着不久，就听见从走道里传出梁泽宇的车子的声音，还有几个孩子跟随着他的脚步声。我坐在办公室里没有动。等到他们走过去之后，我就悄悄地走到洗手间门口，听他们在洗手间里的动静。我听见陈禹宏打开洗手间的门，把简易座便器支开、放好，另外几个同学抱着梁泽宇离开扶手架，大概是贾世奇的声音，说我来帮你脱裤子吧。接着又是一阵稍有些嘈杂的声音，大概梁泽宇已经坐到座便器上了，洗手间的门就没有办法关上了。我想他们应该会出来吧，于是往办公室的地方退了一些，防止他们看见我。但是他们并没有出来，于是我又回到洗手间门口，听见他们在里面开玩笑。其中一个拿着梁泽宇的小车子，试着走一下是什么感觉，其余所有的孩子，包括梁泽宇都发出爽朗的笑声。接着，梁泽宇告诉他们说"好了"，于是一个孩子似乎是要拿纸巾帮他清理，梁泽宇忙说这个可以自己来。然后就听见他们又抱起梁泽宇，提好裤子，放到架子上，陈禹宏收好座便器，把水冲掉，几个人就出来了。这时我连忙回到办公室，坐在那里继续批改作业，过一会儿，陈禹宏拿着座便器走到办公室，很平淡地告诉我没事了，我点了点头，他就回班里上课了。但这个时候，心情却异常激动，我知道，梁泽宇已经能够完全融入到他的伙伴中了，这个集体中只有友爱、善良、真诚，却没有歧视、偏见、嘲笑。

主持人：从梁泽宇和班级的照片中，我们也能看出他们之间的友爱、善良、真诚。如果说融入班级中，是心灵的沟通的话，那么，背梁泽宇上学则是很重的体力活。我记得在2007年感动中国人物评选中，有一个令人十分感动的故事，刘霆背着身患重病的母亲上大学。其实这样的故事也在我们身边上演着。

高磊老师： 确实如此。八年级的时候，我们班在二楼，那时候梁泽宇还比较轻，背起来相对容易。但是到了初三的时候，我们班搬到了四楼。我们学校的结构很特殊，依山而建，拾级而上，台阶特别多，从门口爬到四楼，也得有几百级的楼梯，再加上初三的时候孩子们身体长得很快，到初三就已经和成人的体重相差无几了。每当看到孩子们背着梁泽宇上下楼，夏天的天气十分炎热，可能刚走几个台阶，汗水就滴了下来，到二楼的时候，一定得歇一歇，才能继续往上背。有时候背到教室里，汗水真的都湿透了衣服。更何况初三的学习如此紧张，早上的时间很宝贵，他们在等梁泽宇到校的时候，会拿着一本书站在那里，一边等一边看。每当看到这种景象的时候，都十分感动。这些孩子两年如一日，坚持背着梁泽宇上学，我想，这行动的深处有一个大大的"爱"字，正因为这种无私的"爱"，才能让他们在懈怠时振奋、疲倦时坚持。

主持人： 如果说日常的坚持是一种担当，那么危急时刻的不抛弃、不放弃更是令人敬佩，我知道这样的故事很多，能和我们分享一些吗？

高磊老师： 在关键时刻，我们确实做到了不抛弃、不放弃。记得八年级的时候，学校有一次要搞消防演习。我通知大家要积极准备，同学们马上提到了一个问题：梁泽宇怎么办？同学们知道背他下去会有危险，尤其是人多拥挤的时候。于是我们第一次决定，每一次消防演习，我们都先让同学背着梁泽宇跑下去，然后我们跟在他们的后面保护他们，这样受伤的几率会很小。于是，演习开始的时候，警报一响，我们班的几个大个子背着梁泽宇迅速跑下去，陈禹宏等几位抬着梁泽宇的小推车跟着，这个过程中，我们班的同学都站在座位上，并没有往前冲，等到梁泽宇他们几人到了楼梯，我们的同学们才迅速跟上跑下去，到操场之后，我们班稍微慢了一些，但是大家并没有因此而有怨言。但是演习结束之后，背梁泽宇的同学提出来，他们觉得这样跑下去会有危险，能否慢一些走下去。梁泽宇也提出来，能否让同学们先走，否则会影响到大家的演习，于是经过大家讨论之后决定，可以在演习的时候实行这一方案。但关键是，梁泽宇一定要和我们一起下去，不能留在班级中。即使真的发生了火灾、地震等灾害，我们也会背着梁泽宇走下去。

主持人： 让我想起张艺谋的一部电影《一个都不能少》。

高磊老师： 确实是"一个都不能少"。我们也是这样想的，也是这样做的。不仅一个都不能少，一次都不能少。我们的集体活动，梁泽宇一次都没有缺席。运动会时，梁泽宇要为班级制作班牌，设计班服，呐喊助威；合唱节时，他也要参加表演；外出活动时，他也从不落下，主动为同学们服务。我觉得，爱就像一根接力棒，在我们班的同学中间传递，每一个拿到接力棒的同学都在用心走好这段爱的旅程。其实，梁泽宇不仅是一个受帮助的同学，他也在帮助和感染着身边的同学和老师。他的乐观、开朗、自信、勤奋，也在感染着身边的每一个孩子，也在诠释着爱的真谛。我想说的是，有这样一个班级，有这样一群孩子，真的非常幸福，非常感动。

现在他们已经毕业了，进入了高中阶段的学习，我也在关注着孩子。梁泽宇也时常和我联系，和我说说高中的情况。有一次，他还因为一首古诗里面高中老师的读音和我介绍的不一样，发短信问我。教师节的时候，他几次发短信问我："教师节当天有没有特殊的安排?"我说没有，其实心里知道他们肯定是要回来和老师见面，只是装作不知道。那天下午放学的时候，他们果然陆续来了，梁泽宇坐着电动轮椅，一帮进入高中的孩子兴高采烈地回到母校。我们在操场上聊了很久，直到晚上8点了，我才让他们回家。走的时候，没有想到，他们一起走到大门口，站成一排，像上课的时候一样，鞠躬并齐声喊道："谢谢老师，老师再见!"那一刻，泪水真的忍不住要流出来。我想，爱真的会传递，我付出的爱，在孩子们中间传递，孩子们之间的友爱，也在我和他们中间传递，在爱的氛围中生活、工作，是一件很自豪的事情。

主持人： "久病床前无孝子"，自古至今都是一个现实的问题，而高老师和他的六班，和这位没有血缘关系的孩子，用四百多个日子，在寂寞中奉献青春，传递着爱，坚守了一份人间真情。谢谢高老师， 谢谢您的感人的讲述。

"爱的述说" 讲述会即将进入尾声， 让我们回顾一下"荔林四年" 爱的足迹吧！（插入视频）

回望荔林四年， 这所年轻而有活力的学校， 带着沉甸甸的"爱"字， 用自己沉稳的足迹记载下了每位孩子和老师的成长， 洗去了汗水，稀释了泪水。 今天， 我们在这里， 捡拾着爱的碎屑， 享受着爱的温暖， 传递着爱的火花， 让爱永恒， 是我们南山实验人的不懈追求。

下面有请爱的引路人李先启校长讲话。

李先启校长： 在非常感动的情感享受中听完了荔林中学老师们"爱的述说"。感谢讲述的各位老师给我们带来的心灵洗涤！

在我的校长生涯中，有 18 年是在南山实验学校渡过的。2000 年成立南山实验学校以后，提出了"教育就是播种爱"这个理念，爱有 8 颗种子，大家都很熟悉，已经被我们所有教职工、所有学生、所有家长认同，这就是我们学校文化的核心价值观。

要实现价值的领导，首先核心的价值观要得到大家认同，第二就是要遵循，第三就是要践行，第四就是要变成我们教育教学的行为。回忆起我们近 10 年的努力，这个核心的价值观已经深深地根植于每一个教师、每一个职工、每一个家长以及每一个学生心中。

作为校长，把教职工、家长和学生共同创建的学校文化的核心价值观，完成了"认同—遵循—践行—行为"的每一个过程，而不是把美好的理念"漂浮在天空"。我们用一个字——"爱"，把参与教育教学过程中所有重要的角色，校长、管理干部、教师、家长，完美而亲密地连接起来，让爱的对象——学生，幸福健康地成长，已经得到社会的广泛认可，作为校长我是成功的。

第一颗种子"爱人"。老师用爱去点燃学生心中爱的火焰，爱在老师中，在同学中，在父母中，家长和学生之间，不断地燃烧、传递、放大。有人说，我们送给别人的东西一件就是一件，但是你付出的爱，可以无限放大。这些故事中体现了不同的爱。第一是老师的爱叫师爱，我们可以把它理解成理性的，严格的，教育的。第二是朋友之间的爱，像杨玲娟老师讲的这种友爱，老师对待学生像朋友一样尊重、理解。第三是亲情的爱，这种爱像父亲，像兄长，像母亲。这几个爱的故事，完全体现了这三种爱的融合，它既是理性的又是非常热情的。

徐老师讲的这个故事是关于后进生的。教师工作的伟大之处在哪里？我们可以拯救一个灵魂，可以改变一个人的命运。我们人生的价值的高贵之处就在这里。

爱的 8 颗种子虽然是我总结提炼出来的，但是需要我们去丰富，去创造。童年的梦想是最美好的，童年和少年的梦想决定了人的一生，这是我的研究成果。金承杰老师在播下"爱梦想"这颗种子中，给我们创造了一个成功的案例。

上个学期南头部用"爱梦想"这个主题鼓励孩子拥有梦想，我们发现每一个孩子的梦想都是绚丽多姿的。我们要呵护孩子的梦想，帮助他们实现自己的梦想。但是，孩子们的梦想随着年龄的增长是有变化的。金承杰是我看到的初中部第一位引领孩子拥有梦想、坚守梦想、帮助他们实现梦想的老师。

刚才高磊老师总结得非常好，最后一个字就是"爱"。关心别人，对别人付出，你就学会了爱，这个班的学生都学会了爱，他们今后的人生一定是幸福和快乐的。

杨玲娟老师是刚参加工作的，要把她培养成一个合格的老师，一个合格的班主任，是非常难的。但是她找到了一条捷径，这条捷径是什么呢？爱！是全身心地去爱。学会了爱就是掌握了最好的教育方法。

谢谢大家安静地聆听这么长时间！

主持人： 谢谢李校长，感谢大家。永恒的，或许只是一瞬；美好的，或许只有回忆。有这份停留，让你我驻足。心中已是满足。

南山实验荔林中学部爱的述说讲述会到此结束。谢谢，谢谢大家！

爱·启航
——麒麟幼儿部"爱的述说"讲述会

时间：2012年1月11日下午

地点：深圳南山实验学校麒麟中学礼堂

参加人员：特邀嘉宾、全体教职员工及家长（四百余人）

主持人：马兰君

主持人： 尊敬的李校长、各位嘉宾，敬爱的家长朋友们，大家下午好！李先启校长在南山实验播撒下的爱的8颗种子，许多年来已在南山实验的校园里生根、发芽、开花、结果了。"要爱孩子，要会爱孩子，要让孩子们感受到爱"已经成为了我们每一位南山实验人的座右铭。我们麒麟幼儿园的孩子们可以说是南山实验学校年纪最小的学生，发生在他们身边的又是些什么样的爱的故事呢？让我们一起来听听员工和老师们的诉说。

（一）爱的引航

主持人： 在我们幼儿园里，有这样一个团队，她们每天都在用音乐让孩子感受这个世界的美好。下面，让我们掌声请出这个美丽团队的代表人——何丽芬老师。何老师，是2004年来麒麟幼儿园的，算是我们幼儿园的元老了。现在是我们幼儿园的音乐特色教研员。 我记得之前跟你聊天的时候， 你说过你小时候有一个梦想， 能跟我们说说吗？

何老师： 我从小喜欢音乐，特别喜欢自编自唱，所以，我小时候就想，我长大了要是能成为一个音乐家，写很多很多好听的歌，那该多好啊！长大后，我考上了幼师，成为了一名幼儿园老师。我以为，我的这个梦想，就只能深深埋在心里了。直到来到麒麟幼儿园，我欣喜地发现，这里竟然也有一群跟我一样喜爱着音乐的人。我们开始一起研究新的教学法，一起研究音乐对孩子们的影响。我突然发现这里是我实现儿时梦想的一个很好的平台。我每学到一种不同的教学法就会在对各个年龄段的孩子教学时实验它的效果，并且还会跟老师们一起商量如何将它变成自己的东西。也许是看到我的这股冲劲吧，园长让我担任音乐教研组长。我一开始没有信心，因为我从来没有想过能带领一个音乐团队。但在园领导和课题组老师们的鼓励和帮助下，我一头就钻进了音乐教学的世界里，每天都徜徉在小时候的梦想之中。我深深地爱上了这份工作。

主持人： 我们何老师在幼儿音乐教育的世界里一钻可就是 5 年啊！ 绝对是专家级的了， 您能不能举个例子， 深入浅出地告诉我们， 音乐教育在幼儿时期的重要性？

何老师： 其实，人对于音乐有着天生的喜爱，这在幼儿阶段就能看得出来。比如小班有一首歌曲叫《美丽的蝴蝶》，它是这么唱的："蝴蝶蝴蝶生的多美丽，头戴着金饰，身穿花花衣。你爱花儿，花儿也爱你，你会跳舞它有甜蜜。"它的歌词非常形象，有蝴蝶，有花，有花蜜，音乐节奏鲜明、旋律优美，孩子们听几遍就能跟着唱了。我发现有的小朋友一边唱一边开始学着蝴蝶飞来飞去地跳起舞来，我索性就请一半的孩子戴上小花的头饰，自由地摆出各种花的造型。给另一半的孩子戴上蝴蝶的头饰，并对他们说："花园里开了很多美丽的小花哦，小蝴蝶们，我们一起去采花蜜吧！"在音乐声中，有的小花安静地露出甜甜的笑脸，有的小花把笑脸仰得高高的，有的小花把花瓣开得大大的，蝴蝶们纷纷去找小花跳舞。这就让孩子们从小学会"载歌载舞"，既有形体的锻炼，又有音乐的熏陶。

主持人： 这就是培养孩子们对美的鉴赏力， 在他们幼小的心灵里播撒下爱美的种子。

何老师： 对！但是除了爱美之外，孩子们还可以在这个过程中学会更多东西。有一次在蝴蝶找小花跳舞的时候，突然听到一个小朋友的声音："我不要和你们跳舞了。"我一看，原来是琪琪被好几个小朋友围着，他们都想跟琪琪一起跳舞，都想把她往自己跟前扯。我就问琪琪："琪琪，你是不是被拉疼了，不愿意跟蝴蝶跳舞了？"琪琪嘟着嘴说："我不喜欢蝴蝶这样拉我，很疼。"

主持人： （笑着说）孩子们玩高兴了，就容易没轻没重的。

何老师： 这时候我让孩子们坐好，对他们说："刚才，有几朵花都不愿意跟蝴蝶跳舞了，你们知道为什么吗？"小欢就说："我的手被蝴蝶拉疼了，这样会断掉的。"我就问她："那你喜欢跟怎样的蝴蝶跳舞呢？"琪琪抢着说："我们喜欢轻轻扶我的蝴蝶。"我知道，这对于小班的孩子来说并不是那么容易的，他们往往是嘴巴上说好，但做的时候就忘记了。我就故意引导他们说："哪只蝴蝶会轻轻地扶起小花跳舞呀？"小朋友们都想表现，纷纷举起了小手说："我能，我能。"我就提醒孩子们："飞慢一点，一朵花只能有一只蝴蝶采蜜哦！"慢慢地小蝴蝶就会随着音乐轻轻地飞到花儿那去采蜜，温柔地扶起花儿跳舞。中午吃完饭，小朋友就说："老师，我们今天想到花园散步，找小花采蜜、跳舞。"我带着孩子们来到小花园，小宇凑到小花跟前吸了吸鼻子说："好香的花哦，何老师，我想采花蜜呢！"睿睿急忙说："我们要轻轻地，一朵花只能有一只蝴蝶采蜜哦！"

主持人： 看来老师在课堂上的教育，已经慢慢变成孩子们的行为规范了。

何老师： 孩子们以前没有珍惜生命这样的概念，以前每一次带他们去花园的时候，总会有孩子去摘花，并且还会对我说："老师，你看我摘的小花多好看呀！"我说："小花被摘会死掉哦，以后不要摘哦！"孩子们当时都会回答："我不摘花了，我不摘花了。"可是，别看答应得快，没一会儿就又去摘了。没想到这节课以后，他们不仅不摘花了，对别的生命也表现出一种珍惜和热爱，前段时间，我还被他们批评了。

主持人： 哦，他们批评你什么？

何老师： 前段时间，幼儿园里养了几只小兔子，孩子们可喜欢了，每天都会带胡萝卜、青菜来喂它们，每天都要我带他们去看小兔子。那天，我如常地带孩子们去喂小兔子，当我把小兔子从笼子里抱出来的时候，小语拉拉我的衣角说："何老师，你太大力了，会弄疼它的。"我心想，你们平时扯兔耳朵的时候，兔子不知道该多疼呢。可是我转头一看，所有的孩子都紧张地看着我和兔子，我马上意识到孩子们很心疼了，赶快说："对不起，对不起，我轻点。"我小心翼翼地慢慢抱起兔子轻轻地放到草地上，孩子们马上就用小手在小兔身上轻轻地抚摸着，睿睿还突然蹦出一句："小兔子好可爱哦，我要像爱小花一样爱它。"

主持人： 何老师用梦想点燃了孩子们对音乐的热爱，对植物和动物的生命的热爱。著名教育家苏霍姆林斯基说：音乐教育并不是音乐家的教育，而首先是人的教育。音乐是一种美的艺术，孩子们在音乐学习中欣赏美、感受美、表现美。伟大的音乐家贝多芬认为，音乐教育必须把美的东西作为自己的目的来探求，把人教育成美和善的。而如今，人类对动植物生命的漠视，导致地球环境的破坏、资源枯竭、气候变异、生态平衡失调。这让我想起了著名法国学者，诺贝尔和平奖得主阿尔贝特·史怀泽的一句话："当一个人把植物和动物的生命看得与他的生命同样重要的时候，他才是一个真正有道德的人。"

（大屏幕画面内容：

"当一个人把植物和动物的生命看得与他的生命同样重要的时候，他才是一个真正有道德的人。———《敬畏生命》"

史怀泽，法国学者，著名的人道主义者，被称为"非洲之子"。他的传奇经历曾被拍成电影。敬畏一切生命是史怀泽生命伦理学的基石。史怀泽把伦理的范围扩展到一切动物和植物，认为不仅对人的生命，而且对一切生物和动物的生命，都必须保持敬畏的态度。

爱因斯坦："像阿尔贝特·史怀泽这样的集理想和对美的渴望于一身的人，我几乎还没有发现过。"）

何老师用一颗童真的心，使孩子们对音乐中真善美的理解变得形象化和具体化，她使那一段段音乐和一个个音符变成了一个个可爱的、鲜活的生命，成功地在孩子们的心中播下了爱生命、爱大自然、爱真善美的种子。当我们每一个人用平等的眼光去看待所有生命，给予它们尊重和爱护的时候，世界一定会在我们面前呈现出它的无限生机。让我们记住这个教会我们热爱生命的美丽老师：何丽芬！

（二） 爱的护航

主持人： 下面让我们以热烈的掌声请上麒麟幼儿园的"吉祥三保"！他们是保安徐师傅、保健医生胡医生、保育员钟阿姨，有请。三位好！请坐。

主持人： 徐师傅，您的手怎么了？

徐师傅： 哦，上个星期幼儿园搞活动，挂横幅的时候不小心摔倒了。

主持人： 徐师傅今天是带着伤坚持来到我们现场的，您给我们带来了什么故事呢？

徐师傅： 我平时就不太会讲话，这是第一次来到这么大的场面，很紧张，说得不好，希望大家别见怪。

我是幼儿园的保安，每天上学、放学的时候，我就特别紧张，怕一旦接错了，或是被坏人接走了，那可就出大事了。有一次星期五放学时间，我正站在大门口，看着家长接孩子一个个离开，发现一个小家伙正自己一个人兴冲冲地往外走，我抱住他，问："你怎么一个人？"小家伙看看我，说："我要回家。"我仔细看了看，"你是小二班的小朋友吧，你叫阳阳。"孩子轻轻点点头。"你是彭老师班上的。"孩子又点了点头。我说："接你的阿姨呢？"小家伙这时一脸茫然地望着我。我说："这样吧，我带你去找彭老师好不好？"小家伙不吭声。我把他带到彭老师班上，刚走到走廊，就看见阿姨正焦急地到处张望着。一看见我们，跑过来说："阳阳，你跑哪去了？我不是叫你在洗手间门口等我一下吗？出来没看见你，急死我了。"

主持人： 你怎么能认出这个孩子是彭老师班上的阳阳？

徐师傅：幼儿园的孩子我都能认出来。

主持人：我听说大家给徐师傅起了个响当当的绰号，叫"好记星"。

徐师傅：呵呵，哪儿啊，其实，我这好记星有点名不副实。有一次，我发现我的老花镜不见了，几个老师七手八脚地帮我找了半天没找到。我最后一摸，在我自己口袋里。这叫骑驴找驴。（众笑）

主持人：看来，徐师傅的好记性是有选择性的啊！

徐师傅：（笑）是的。我自己的事，总记不住。不过，孩子的事，真的马虎不得，都是每家每户的掌上明珠，安全上出点事，那可是大事。

主持人：其实大家给你起"好记星"，理由还不光这些。徐师傅，你是不是还有小故事跟我们分享啊？

徐师傅：（不好意思地笑笑）那天我去阅览室帮老师拿本书，刚巧有个爷爷来给孩子送衣服，爷爷跟门口的一位老师说孩子是大二班的，老师打电话到大二班，没找到这个人，爷爷脸一下子就变了，着急地说："我早晨明明亲手交给老师了，怎么会没有呢？"我刚好下来，我一看爷爷很眼熟，一听就明白了，赶紧跟爷爷说："爷爷，你孙子9月份就已经升大班了，以前是大二班，现在叫大四班。爷爷一愣，不好意思点点头说："对对对对，你看我心里一直还记着是大二班呢。我这爷爷还不如你，对不起，对不起！真是不好意思，不好意思！"

主持人：我明白了，能记住400个孩子和班级已经很了不起了。徐师傅还能记住接孩子的父母或者其他接送人。您真是位天才，太令我佩服了！

徐师傅：啥天才啊，我那是为了保护好孩子，死记硬背的。

幼儿园每个孩子都有一张接送卡，正面是孩子的名字、班级，背面有一家人的合照。晚上，一个人没事，我就把这些接送卡一一摆开，反复翻看。我就考我自己，看照片，说名字。即使这样，我还是会有一下子想不起来的时候。

主持人：徐师傅，您太朴实了！你告诉我们：爱孩子，就得要保护好他们！说实话，许多人看不起保安这份工作，他们收入低，工作看上去简单，但是徐师傅怀揣着一份对工作的责任感，一份对孩子们的爱，将这份普普通通的工作做出了光彩。

现在我要自豪地告诉大家：我们的徐师傅在麒麟幼儿园工作的四年里，已经连续三年被评为南山区先进教育工作者。我提议，让我们把发自内心的尊敬的掌声献给保安徐师傅，并祝他早日康复！

除了人身安全，家长们最放心不下的就数孩子的身体健康了。让我再来问问我们的"二保"——胡医生，您在麒麟幼儿园做保健医生已经好多年了，您能不能给我们讲讲您工作中的故事啊？

胡医生： 要说故事那可不少，我就先说一个晨检时发生的故事吧。那天是星期一，小朋友们正排着队晨检，升旗仪式马上就要开始了。这时有一位老人家在大门口用手指着我大声说："你算什么医生？有什么权力不让我孙女上学？"当时家长们听见喊声都围了过来，爷爷怒气难消地指着他的孙女乐乐对大伙儿说："你看，你看，乐乐就是有点上火，嘴里长个溃疡就让我带去医院，这算什么事儿！"

主持人： 上火就送医院，听起来好像有点小题大做。

胡医生： 乐乐肯定不是上火，我怀疑，那是一种令人担忧的传染病。

主持人： 就是说家长认为孩子没有问题，这可有点麻烦，您当时对自己的诊断有信心吗？

胡医生： 有。因为我用电筒反复检查了她的口腔，可以判定孩子嘴里的小红点并不是溃疡。面对爷爷的指责和误解，我当时心里很难过，但我知道这时最重要的是对乐乐和全体孩子负责。于是我将手头的工作交给另外一位医生，把爷孙俩请到保健室坐下，我蹲下身递给乐乐一粒奶片，轻声说："乐乐，让医生看看你的小脚丫洗干净了没有，好吗？"乐乐点点头。爷爷在一旁瞪着眼睛看着我们，没有说话。脱下鞋袜，很快，就在孩子脚趾缝里发现了几个小疱疹。"爷爷，你看乐乐手上和脚上也都有疱疹，以我的经验，这是手足口病。您一定要带孩子去医院，千万不要耽误了治疗。"爷爷一听，又火了："你说什么就是什么，就算是那个什么手足口病，也是你们幼儿园给传染的。"我说："爷爷，幼儿园最近没有别的孩子得这种病。您别急，及时治疗的话，会很快好的。""如果检查没问题的话，你等着瞧，我要找你们园长！"扔下这句话，爷爷拉着乐乐走了。

主持人： 朋友们，对手足口病这个词大家也许并不陌生。事实上，从 20 世纪 80 年代以来，全国各大省（市）都曾有过手足口病的报道。让我们来看看大屏幕。

（大屏幕画面：

据我国卫生部通报，2011 年，全国累计报告手足口病 151 万多例，死亡 476 例。其中，0～5 岁儿童占发病数的 92.4％。）

胡医生： 大家也许并不清楚，手足口病是一种由肠道病毒引起的传染病。感染时，通常没有任何症状，要 3—7 天后才开始出疱疹，这时的疱疹不痛也不痒，很难发现。可是病毒的传染性很强，如不及时采取措施，很快就会大面积传播。如治疗不及时，病情加重后还可能出现脑炎、脑膜炎、肺水肿、心肌炎等并发症，导致死亡。

主持人： 2011 年 11 月，就在我们深圳市龙岗区，一个叫小颖的 4 岁女童正是死于手足口病引发的脑干脑炎。胡医生这样做是对孩子们负责。我们大家都很担心，乐乐后来怎么样了？

胡医生： 送走他们，我还是很担心爷爷不重视这件事，耽误了孩子的病情，于是给孩子的妈妈打了电话，嘱咐妈妈一定要去医院就诊。妈妈说："昨天孩子去了儿童乐园，晚上就有点低烧，早上起床又不烧了，想着没什么大问题，我们也要上班，就送去幼儿园。想不到可能会是手足口病，我马上就带她去医院检查。"下午，我接到孩子妈妈的电话，她说："胡医生，果然是手足口病，医生说要在家隔离一个星期。幸亏你发现及时，真的要好好感谢你啊！"又是一个星期一，爷爷送乐乐来上幼儿园了，我给了爷爷一个微笑，当爷爷的目光和我相遇时，有些不好意思地望向了一边，他用手推了推乐乐说："快叫医生早上好啊！"说完，又递给我一张医院的痊愈证明。后来，每次在路上遇到，爷爷老远就笑着冲我点头。

主持人： 孩子能及时治愈，回到幼儿园，真好！我想问问，如果当时没有医院的痊愈证明，你会让孩子入园吗？

胡医生： 当然不能。

主持人： 好，这是原则！其实，家长、幼儿园在爱孩子这一点上是完全一致的，但这不等于没有误会和矛盾。胡医生面对误会和矛盾的做法，既保护了乐乐，也保护了其他孩子，既坚持了作为医务工作者的原则，又耐心说服，最终感动了家长。

幼儿园的保健医生不好当，他们不仅要防控疾病，还要负责孩子们的餐饮健康。孩子每天大部分时间在幼儿园度过，一天三餐中，早餐、午餐都在幼儿园吃，还有餐间奶、点心、水果，一天营养量的70%就靠幼儿园了。胡医生一人身兼保健医生和营养师两职，我很想对各位家长说，晨检等待时请给她微笑；有她的保驾护航，您的孩子会更健康，您的家庭会更幸福。让我们一起来感谢胡医生。

现在的家庭大多只有一个孩子，当家长的没有不宠爱孩子的，但是宠爱不等于会爱，有的孩子是会被宠出毛病来的。钟阿姨，我听说你班上就有个孩子上幼儿园时还不会吃饭？

钟阿姨： 这个孩子叫小宝，他妈妈第一天来时对我说："钟阿姨，我家小宝肠胃不好，不会吃饭，我给他带了奶。怎么喂我写在纸条上了。"我打开纸条一看，上面写着：奶粉4勺，水240毫升（需用开水自然冷却到50度左右）；上午11：00一次，下午3：00一次。还没等我开口，小宝妈妈又塞给我一个大包，我打开一看：天！有奶粉、奶瓶、奶瓶消毒杯、奶粉专用的小勺，甚至还有一支温度计……她掏出奶瓶指着上面的红线对我说："我在240毫升的地方给你画了一条线。"接着打开奶粉罐子，用勺子舀了一勺叮嘱我："舀一勺之后，得在盖子上挂平，记得每餐都是平平的四勺。"临走时，妈妈反复强调："要用温度计试好温度再泡，但是给小宝喝之前，一定要在手背上试一试。对了，奶瓶用完后要用100度的开水消毒，用之前也得用开水烫。"

主持人： 你真是按照小宝妈妈的叮嘱做的吗？

钟阿姨： 是啊！为了孩子能准点喝奶，我特意提前一个小时打来开水，先把奶瓶烫了烫，然后严格按家长的要求冷却、冲好奶粉，我正在手背上试奶温的时候，隐约感觉窗边探过来一个头，我一走出去，又不见人。下午孩子们起床穿衣的时候，又有个人影在后窗闪动。一连两三天都是这样。

主持人： 呵呵（笑一笑）， 这肯定是小宝的妈妈不放心吧。

钟阿姨： 没错，放学时，我对小宝妈妈说："你不用担心，我会按时给小宝喝奶的。孩子上幼儿园会有个适应过程，慢慢就好了。"她犹豫了一下，说："钟阿姨，我没有别的意思，有些情况你可能不太了解。我三十多岁才生他，孩子体质一直较弱，到现在还不大会吃饭，也尝试给他吃，可吃一点东西就会被卡住又吐出来，就哭，只要一喝奶就不哭了。为这事，我们两口子吵了不知道多少回，也知道光喝牛奶营养是不够的，但实在是找不到一个好办法去改变这种状况。"那天中午吃饭时，小宝盯着碗里的饭菜，一动不动，我走过去问："小宝怎么不吃呢？"他看着我，还是不动。"我喂你好不好？""不好。""那，我给你讲个故事？"小宝眼睛一亮，点点头。我一边给小宝讲故事，一边把一勺菜送到小宝嘴边，他吃了。我正欣喜，小宝忽然身子往前一倾，连着上午的牛奶、菜，吐了一身。顾不得讲故事了，我赶紧给小宝换衣服。

主持人： 这样可不行啊， 不吃饭对孩子成长是不利的。 一岁前就是学习咀嚼吞咽的最佳时机， 到一岁时， 这种能力应该很成熟了。 吃不好饭， 对于孩子将来的进食习惯、 营养吸收以及牙齿发育都会有影响。 时间长了， 胃肠的消化吸收功能也会退化。 不过这也是社会上普遍存在的一种问题， 很多事业成功女性， 她们拥有令人羡慕的高学历、 高职位、 高薪酬， 为了事业， 推迟了结婚和生育的计划。 当面对降临的小天使时， 虽然百般疼爱， 加倍照顾， 却不一定是个合格的母亲。 这么棘手的情况， 您怎么做呢？

钟阿姨： 是啊，看来面对这个孩子，我还真得从头教起。第二天，我关照厨房师傅给小宝的饭煮得久一些、烂一些、软一些；吃饭时，我特意安排吃得好的孩子坐在他旁边，让他看别的小朋友怎样拿勺子，怎么大口大口地吃，他也学别人的样子端起碗，用勺子戳着碗底。我乘机给他舀上一勺汤，他竟美滋滋地喝了。就这样，尽管每次吃饭，小宝用不好勺子，总是把饭菜弄得满桌满地都是，衣服也常常被汤浸湿，我仍然表扬他："小宝真棒！你可以自己吃饭了。"

主持人： 实际上， 小宝不光是不会吃饭， 甚至连勺子都不会用。 通过在幼儿园的尝试， 当他能自己将食物送入口中时， 这对孩子来说， 能产生他人无法给予的成就感。

钟阿姨： 是啊！慢慢地，我给小宝增加了饭量和种类。把菜用小勺一点点地碾得碎碎的，在饭里拌点菜汁，鼓励他：小宝，多吃点，长得高高的。吃好了，老师再给你讲个故事。孩子一天天变化着，我真的非常高兴。不过，我发现每到周一，小宝就特别不愿意吃饭，我把情况告诉小宝妈妈，妈妈说："我在家给小宝准备了菜羹，他就是不吃，怕他饿着，还是给他喝奶了。"

主持人： 看来小宝不是不会吃， 是妈妈不相信孩子可以做到。吃饭是一个人生存的最基本的能力， 一味地迁就、 代替其实是剥夺了孩子锻炼的机会。

钟阿姨： 对！我就想，我得去小宝家一次。吃饭时，小宝看看碗里的饭菜，看看妈妈，又看看我，迟迟不动勺子。我说："小宝，在幼儿园都自己吃饭，在家里一定也可以自己吃。小宝很能干的。"我给他妈妈递了个眼色，妈妈赶紧说："对！我们家小宝在家能吃得更好。"我突然想起他玩过家家时特别喜欢戴警察帽子，就跟他说："你长大是不是想当警察呀？"他冲着我使劲点点头，我说："那你在家里也要多吃饭，长大才能像警察叔叔一样身体壮壮的，才能抓到坏人。"

主持人： 钟阿姨真的是用心良苦啊， 那最后小宝吃了吗？

钟阿姨： 当然！就这样，我和他爸爸妈妈反复沟通、探讨，隔三岔五就到小宝家看看他在家的表现。坚持了三个多月的时间，不论在家还是在幼儿园，小宝终于能和别的孩子一样自己主动吃饭了。饮食均衡了，小宝的脸色也慢慢变得红润了。还在班级的舀豆子比赛中得了第三名。家长开放日的时候，小宝妈妈来了，帮我收拾孩子们用过的餐具，把餐桶送回食堂。我拦着她说：我自己来。她说："钟阿姨别客气。以后有什么需要帮忙的，随时叫我。孩子交给你，我放心！"

主持人： 家长的一句放心， 承载着多少感动与信赖。 钟阿姨用爱滋润孩子的心田， 用爱护卫孩子生命的航程。 她用行动培养的，不仅仅是孩子应该具备和形成的生活能力， 更多的是对一个家庭育儿观念的转变。 谢谢您！

孩子就像一只只小船， 从麒麟幼儿园这个港湾里， 出发试航。

我们的责任就是用"爱"给他们护航。请大家把热烈的掌声献给我们的吉祥三宝!

(三) 爱的远航

主持人: 播种爱, 传递爱, 印染爱。 在爱的呵护中成长, 在爱的引领中茁壮, 在爱的期盼中远航。 让我们掌声有请彭老师, 听说她是一位特别喜欢讲故事给孩子们听的老师。 接下来, 我就来听听彭老师故事里的故事, 有请。

彭老师: 记得 2008 年刚开学的时候, 从上海转来了一个小男孩叫聪聪。第一天, 妈妈大着肚子牵着他走进教室, 对我说:"孩子在上海读了小班和中班, 老师说他表现很不错, 他刚从上海过来还不太适应, 请彭老师多关注他!"我看到孩子脸上目无表情, 想走过去摸摸他的头, 可他立刻向一旁躲开了, 我跟他说话也不理, 妈妈说他不礼貌, 他更是一副完全不在乎的样子。

为了让孩子尽快适应幼儿园生活, 我带他去滑滑梯玩, 他滑了一会儿, 我对他说:"你喜欢幼儿园吗?"他没有说话, 接着我又问:"那你喜欢老师吗?"还是没说话, 看都没看我。

主持人: 按理说, 三四岁的孩子, 他们心态是很阳光、 很快乐的, 尤其是来到一个新环境, 他应该对周围充满好奇才对, 和老师应该是很容易亲近的, 他为什会这样呢?

彭老师: 是啊! 后来的几天, 我总是找机会, 想办法去接近他, 但他还是不太愿意和我交流, 不跟小朋友交流, 也不跟小朋友一起玩游戏, 有时还会用很凶的眼神瞪小伙伴。这孩子, 到底怎么了? 看见他这副样子, 我真是有些心痛, 也有些着急。

第二周星期一, 我跟孩子们讲了一个故事叫《忘了说我爱你》, 孩子们听完这个故事后, 班上热闹了起来。莫莫说:"我要回家跟妈妈说, 我爱她。"洋洋说:"我要对奶奶说我爱她。"进进说:"我要对我的姐姐说我爱她。"这时候, 我发现聪聪低着头, 在小声嘀咕着什么, 我很好奇,就自然地，悄悄地凑过去，故意将手中的书掉到他身旁，侧着俯下身听到"讨厌！讨厌！好讨厌！他们都讨厌"，一连串的"讨厌"。我把他揽进怀里，在他耳边轻轻地问："你讨厌谁呀？""讨厌妈妈。""你为什么讨厌妈妈呢，你看妈妈多关心你，开学第一天妈妈还挺着大肚子来送你，要我多帮助你呀。"这时孩子突然大声哭了说："讨厌，讨厌，我讨厌宝宝。"我当时都怔住了。

主持人： 彭老师，我听出来了，聪聪对妈妈有些怨气，但根源还是妈妈肚子里的宝宝，他真正讨厌的是宝宝。

彭老师： 是的。当时我问聪聪，你为什么会讨厌宝宝呢？宝宝不是还没生下来吗？他说："妈妈现在不陪我玩玩具了，每天只摸着肚子陪宝宝听音乐。妈妈睡觉前都没有亲我，也不跟我说晚安了。"孩子一口气说了很多。我想了想，轻声对孩子说："就这些事，你就不喜欢妈妈，不爱妈妈了吗？"他用眼睛看了我一下，没有说话。

主持人： 这个故事是有典型意义的。像聪聪这样担心父母在有了弟弟或妹妹之后，会减少对自己的爱，从而对尚未或已经出生的弟弟、妹妹心生妒忌的孩子并不在少数。现在在中国，拥有两个孩子的家庭越来越多，这个问题也就凸显出来了。基督教认为，妒忌是影响人类灵魂的七宗罪之一。（骄傲、贪婪、淫欲、贪吃、暴怒、懒惰、妒忌，妒忌扭曲人的性情，腐蚀人的灵魂）

所以，对于处在心理发展与人格建构的关键时期的聪聪来说，及时用恰当的方式来矫正聪聪的妒忌情绪，不管是对孩子还是对这个家庭都有着重要的意义。

彭老师： 主持人说得很对，所以放学后，我马上找来了聪聪妈妈，把孩子的表现以及我与孩子的谈话告知了妈妈。妈妈的眼睛湿润了，说："我真的没有想到他会嫉妒我肚子里的小宝宝。聪聪爸爸在驻美国办事处工作很忙，很少回家，我一个人带孩子，怀孕后身体一直不太好，吃不好，睡不好，我感到特别辛苦，很累很累，我真的对不住聪聪。"说完，她哭了，在一旁的我也忍不住流泪了，安慰她说："别急，慢慢来吧！"

主持人： 十月怀胎，一朝分娩。天下最辛苦的人莫过于母亲了。我想应该让孩子们了解妈妈生育、养育自己的过程，也许能让他们对母亲多一份亲情和理解。

彭老师： 是的，在之后的一段时间里，我开展了一些活动。有这样一个动画，我觉得很生动有趣，名字叫"妈妈，我从哪里来"，动画里说的是人类最初的生命形态和孕育过程，大家随视频去看看吧。（视频：妈妈，我从哪里来）

主持人： 太形象生动了，在中国，性教育是大家都很回避的问题，其实我们应该让孩子了解生命来源的真相，懂得珍惜自己的生命。（视频：其他国家性教育）在美国、英国、日本等发达国家，他们从 4 岁开始就进行性教育。

彭老师： 谢谢主持人说出了我的心声。

主持人： 彭老师，当孩子看完视频后，发生了什么呢?

彭老师： 当孩子们看完后，我听到乐乐说："要是请一个妈妈给我们讲讲就更棒了。"教室里顿时热闹了起来，"请我妈妈！请我妈妈！"大家都争着要请自己的妈妈。突然洋洋对大家说："我们是要请一个现在肚子里有 BB 的妈妈。"孩子们安静了下来。突然，大家齐刷刷地看着聪聪。这时，聪聪慢慢抬起了头，眼睛一眨一眨的，有点不自在，但又有些迫不及待的样子，他说："我可以，请我妈妈！"

主持人： 从讨厌妈妈肚子里的宝宝，变为能够乐意邀请妈妈来参加幼儿园活动，他的内心在发生着微妙的变化。

彭老师： 一方面聪聪在同伴面前有表现的心理，另一方面，他的心里正在起着微妙的变化，慢慢地开始接纳宝宝。看完动画后，我发现，孩子们对自己"小时候的样子"（视频：图片"小时候的样子"）这个话题比较感兴趣，于是他们都回家去问自己的爸爸妈妈。第二天，孩子们又七嘴八舌地说开了。琳琳说："我小时候，被裹在被子里，圆圆的。"齐齐说："我小时候不会走路，是妈妈抱着我出去玩。"贝贝说："我小时候吃饭要妈妈喂。"我观察到聪聪一直举着小手想发言，我请他站起来，聪聪说："妈妈肚子里的宝宝和我一样淘气，昨天晚上妈妈给我和宝宝一起讲故事时，我摸摸妈妈的肚子，我感觉到小弟弟的小手小脚在踢妈妈肚子。""好好玩哦。""宝宝踢肚子是不是很大力呀！""聪聪，我太羡慕你了。"孩子们唧唧喳喳说着。这时，我对小朋友们说："看，聪聪要有个小弟弟或小妹妹了，以后就可以从小宝宝身上看到他自己小时候的样子了，是不是? 聪聪真幸福!" 聪聪很认真地点了点头。

主持人: 彭老师, 聪聪这个时候, 对妈妈的怨气是不是已经缓解了?

彭老师: 我觉得, 是的。

主持人: 聪聪对妈妈肚子里的宝宝的看法在慢慢地改变了, 开始接纳宝宝了, 是吗?

彭老师: (点头) 是的, 于是我就趁热打铁, 有这样一个绘本叫《猜猜我有多爱你》。(书的封面图视频) 有一天晚上, 有一只小兔子要睡觉时, 突然问他的妈妈 "猜猜我有多爱你"。接着, 小兔子用自己身体上的部位或动作来比喻自己对对方的爱。(视频图片 "猜猜我有多爱你")可是无论怎样, 小兔子都比不过大兔子。分享了这个故事后, 孩子们模仿着故事中的小兔子和大兔子, 和妈妈相互用语言和动作表现对对方的爱。"我爱妈妈, 我就帮妈妈打扫卫生。" "我爱妈妈, 我就帮妈妈擦桌子。" "我爱妈妈, 我就给妈妈捶背。" "我爱妈妈, 我就帮妈妈倒水。" "我爱妈妈, 我就帮妈妈拿拖鞋。" 可是聪聪没有说什么, 但我发现他有几次都在自己做动作, 嘴里嘀嘀咕咕, 要说些什么, 还一直笑眯眯地看着我。我心里暗自高兴。

我太想把聪聪的变化告诉聪聪妈妈了。那天, 我打电话给聪聪妈妈, 约她来幼儿园, 当她听到聪聪的变化后, 她抓着我的手, 我感觉她的手一直在颤抖。她抖动着手说: "彭老师, 聪聪在活动中有没有说他爱妈妈, 他爱宝宝呀!" 我也很激动地说: "别急, 别急, 我相信孩子会说的。" 她连连点头, 说: "彭老师, 谢谢你为聪聪所做的, 我改天再来。" 我站在那里看到她远去的柔弱的背影, 眼睛不由得湿润了。

晚上, 我去了聪聪家, 坐在沙发上, 我邀请聪聪和我一起用身体动作模仿《猜猜我有多爱你》故事中的大兔子和小兔子。玩了一会儿后, 我对聪聪说: "你能不能和妈妈肚子里的小宝宝也玩玩?" 聪聪很诧异地看着我, 过了好一会儿才说: "宝宝在妈妈肚子里又不会说话, 又不会做动作, 怎么玩呀!" 这时, 坐在沙发上的妈妈说: "宝宝能听懂的, 在肚子里也会做动作, 聪聪, 你感受过他的小手小脚在动, 对吗?" 我看了看孩子，说："聪聪，能不能让妈妈来说宝宝的话？"聪聪点点头。妈妈摸着肚子说："宝宝，你快跟哥哥打声招呼吧。""你好呀，聪聪哥哥！"聪聪听见了，接着说："你好呀，宝宝！"妈妈把手臂打开说："聪聪哥哥，我的爱有这么多。"聪聪也张开手臂，说："我的爱，更多更多。"妈妈用手擦了擦眼角……接下来，他们比画着身体，又忍不住拿起笔画着，说话声、笑声充满了房间的每一个角落。

　　第二天一早，我在教室门口发现了聪聪，看得出他已经等了很久了。他慢慢走到我身边，没有说话，只是一直拉着我的手，让我蹲下来，我抬起头问："你有什么话要对我说吗？"突然，他从小小的口袋里掏出一颗糖，用晃动着的小手慢慢把糖纸剥开，把糖一下塞到我嘴里，然后从另一个口袋又拿出一块糖，说："这个是妈妈给你的。"我很快抱住了孩子，发现他的小手指着不远处的大门口。一眼望去，看到聪聪妈妈正费劲地挺着大肚子，一只手扶着大门的栏杆，一只手朝我们这边挥动，这时，我问聪聪："你爱老师吗？"他点了点头，我又问："那你爱妈妈吗？"他又点了点头。我说："你能说出来吗？"他很小声地说："我爱妈妈！""能不能大声点？""我爱妈妈！""你能不能更大声，让妈妈听见？"孩子停了一会儿，突然转身，很大声地喊："妈妈，我爱你！"站在大门口的妈妈显然是听到了，转动着自己笨重的身体，慢慢靠在门上。那一瞬间，我分明看到她的肩膀在微微颤抖。

　　主持人：这是个非常感人的故事，彭老师在孩子幼小的心灵里播种下了爱，在孩子那里也成功地收获了爱。"爱人"，不仅仅要爱父母，还要爱兄弟姐妹，爱老师，爱同学，爱身边每一个人，这就需要从小培养孩子们的爱心和同情心，让他们拥有博大的胸怀。我们的责任就是要通过引导和教育，让妒忌心远离孩子们，而让爱陪伴他们一生前行。这将使孩子的一生变得更加开朗，更加博爱，更加易于与他人合作，更加重视亲情，更加具有幸福的感觉。谢谢彭老师，谢谢您为我们这个社会培养具有爱心，具有幸福感的人！

　　朋友们，我们从这些故事中，看到了李校长的"教育就是播种爱"的理念，正在融入我们南山实验人的血液，正在成为我们一种自觉的行为，正在成为我们南山实验校园里一种浓浓的文化氛围。

我们也看到了在这一理念下，我们麒麟幼儿园的孩子们，就像千帆竞发的小船，承载着爱的理念、爱的事业，从这里出发、远航，将和平与美好带给我们的祖国，带给整个世界。

听了老师和员工们深情的讲述，看着在爱的阳光下快乐成长的这些天真可爱的孩子们，此时此刻，李校长一定会有许多话想跟我们说吧？

李先启校长：对不起，我还没缓过劲儿来，非常感动。可能会有些语无伦次，请大家原谅。在听麒麟幼儿园老师爱的述说的同时，我也是浮想联翩。联想我的教育历程，曾经教过电大学生、高中生、初中生，也教过中等师范生，还教过小学生。最初我对教育的认识，以为大学最复杂，其次是高中、初中、小学。但是，听了这么多场"爱的述说"，特别是听了幼儿园老师"爱的述说"，突然发现最复杂的教育是在幼儿阶段。幼儿刚刚睁开天真的眼睛就一下子跨入一个崭新的世界，对一切他们都感到好奇，急切地想了解周围发生的一切，内心世界非常复杂。如果我们的教育不恰当，会造成终身的伤害，叫一声"我爱妈妈"谁都会，但就是说不出口。

麒麟幼儿园的老师们，点点滴滴从小的细节做起，在孩子们的心田中种下了第一颗爱的种子——爱人。"爱人"是孔子提出来的，儒家最核心的价值观就是"仁"、"恕"，"仁者爱人"，爱父母，爱兄弟姐妹，爱周围一切的人，看似简单，从故事中可以看出过程是复杂的，甚至是艰难的。

幼儿园几位教职工讲的故事，我们感受到他们对工作的热爱，感受到他们从工作中获到的那种享受，感受到他们工作的美丽，也感受到他们工作的幸福。老师、员工、保安、医生、保育员，他们组成了幼儿教育系统工程的每一个环节，而每一个教育环节都牵涉到幼儿的身体健康、心理健康和人格的成长与健全。

通过今天的"爱的述说"，我想，在座的所有家长、所有老师都体会到"会爱"的真谛。我提出"教育就是播种爱"，"热爱每一个孩子，会爱每一个孩子，让每一个孩子都感受到爱"，最关键的就是"会爱"。我们要问问自己，老师、校医，所有的教职员工，我们"会爱"孩子吗？

你会让孩子感受到"爱"了吗？也问问家长，你"会爱"自己的孩子吗？你也许非常宠爱，甚至溺爱，但是你不一定"会爱"。

我代表学校，也代表所有家长，向麒麟幼儿园的所有教职员工表示衷心的感谢！谢谢你们会爱孩子。

主持人： 谢谢李校长的鼓励和鞭策，相信麒麟幼儿园这个处处充满爱的校园，明天会更好！谢谢各位嘉宾、老师和家长朋友们，和我们一起分享爱的故事，本次讲述会到此结束，谢谢大家，祝大家新年快乐，美满幸福，愿爱永远与我们同行！

图书在版编目（CIP）数据

爱的述说/李先启主编 . ——福州：福建教育出版社，
2013.1（2013.7 重印）
ISBN 978-7-5334-5954-3

Ⅰ.①爱…　Ⅱ.①李…　Ⅲ.①中小学－教育工作－深
圳市　Ⅳ.①G639.2

中国版本图书馆 CIP 数据核字（2012）第 209589 号

爱的述说

李先启　主编

出版发行	海峡出版发行集团
	福建教育出版社
	（福州梦山路 27 号　邮编：350001　电话：0591－83706771
	83733693　传真：83726980　网址：www.fep.com.cn）
出 版 人	黄　旭
发行热线	0591－87115073　83752790
印　　刷	福建省天一屏山印务有限公司
	（福州铜盘路 278 号　邮编：350003）
开　　本	720 毫米×1000 毫米　1/16
印　　张	12.5
字　　数	182 千
版　　次	2013 年 1 月第 1 版　　2013 年 7 月第 2 次印刷
书　　号	ISBN 978-7-5334-5954-3
定　　价	28.00 元

如发现本书印装质量问题，影响阅读，
请向本社出版科（电话：0591－83726019）调换。